용인외고생들이 대한민국 10대에게 전하는

띵똥♪심리학이 보낸  톡!

용인외고생들이 대한민국 10대에게 전하는

띵똥! 심리학이 보낸 톡

❋

초판 1쇄 인쇄 2013년 10월 8일
초판 1쇄 발행 2013년 10월 15일
지은이 김가현, 신애경, 정수경, 허정현
펴낸이 박상진
편집주간 이광옥
마케팅 권태형
디자인 ACG

●

발행처 진성북스
출판등록 2011년 9월 23일
주소 서울시 강남구 대치동 944-25 진성빌딩 10층
문의 및 주문 전화 02-3452-7762
팩스 02-3452-7761
홈페이지 www.jinsungbooks.com

ISBN 978-89-97743-10-0-4318

용인외고생들이 대한민국 10대에게 전하는

띵똥♪ 심리학이 보낸 톡!

김가현, 신애경, 정수경, 허정현 지음

진성북스
JINSUNGBOOKS

목차

추천사
이 책을 쓴 네 친구들에게   한복희   8

시작하며
1318 마음 사용 설명서   12

1   **공부가 전부는 아니지만…**

한 걸음 한 걸음   김가현   16
삘(feel)이 없는 날에는   신애경   22
한들이에게   허정현   27
시시콜콜하지만 중요한 이야기: 우리는 친구잖아   정수경   33

2   **머리부터 발끝까지**

패션, 마음에 날개를 달아 드려요~   허정현   40
첫인상의 거짓말?!   김가현   47
세상 모든 여자는 예.뻐.지.고.싶.다!   신애경   52
시시콜콜하지만 중요한 이야기: 성형만국   정수경   58

3   역시 사람이 제일 어렵다니까!

연애 심리 족집게 특강   김가현   66

네버랜드 탈출하기   신애경   72

새로운 사람과의 관계가 어려우신가요?   허정현   77

시시콜콜하지만 중요한 이야기: In Between   정수경   84

4   새벽 2시, 너도 이 기분 알잖아?

고고학자가 되고 싶었던 소녀   신애경   90

비교 심리 분석 X-file   김가현   95

오늘 하루 '멘붕'이라는 단어를 몇 번이나 썼을까?   허정현   100

시시콜콜하지만 중요한 이야기: 삶의 패러다임   정수경   106

5   마음뿐만 아니라 몸에도 좋은 심리학

그 많던 초콜릿은 누가 다 먹었을까?   허정현   112

머무르는 느낌   신애경   119

심리학에서 건진 다이어트 팁   김가현   124

시시콜콜하지만 중요한 이야기: 믿습니까? 행복하십니까?   정수경   128

6   경제와 심리의 똑똑한 퓨전

생활 속 협상 고수 되기   신애경   134

My Name Is Kart   허정현   139

미스터리 사건의 범인이 밝혀지다   김가현   143

시시콜콜하지만 중요한 이야기: 마음속 회계장부   정수경   149

7   엄마보다 더 자주 만나는 SNS

페이스북 뒤집어보기   김가현   160

나의 분신   신애경   165

안 보면 후회할 걸?   허정현   170

8   정신줄(?)을 놓다

나심술의 요상한 텐트   김가현   178

정줄 놓은 실험들   신애경   184

시시콜콜하지만 중요한 이야기: 제대로 정신줄을 놓으면?   정수경   189

끝내며
심리학으로 풀어낸 10대 이야기   192

추천사

이 책을 쓴 네 친구들에게

아이들이 책을 쓰겠다고 했을 때 선뜻 해 보라고 한 기억이 난다. 아이들에 대한 신뢰가 있었기 때문이고 충분히 해 낼 것이라 믿었기 때문이다. 그것이 동기가 되었든 아이들의 열망이 이끌어 냈든 결심한 일이 어느덧 결실을 맺는 순간이 되었다. 처음에 커다란 방향을 잡아 주고 간간이 쓰고 있는 글에 조언을 해 주었을 뿐인데 바쁜 시간을 쪼개어 책 한 권을 완성했다는 소식에 무엇보다 기특함이 앞선다.

외고라는 특성상 공부하기도 빠듯하고 경쟁에서 밀리지 않기 위해 책상에 얼굴을 묻고 있어야 할 수도 있지만 그보다 더 중요한 자신을 더욱 찾고 싶지 않았을까. 아이들은 매 순간 의미를 찾고자 바쁘고 치이는 와중에도 글을 썼다. 오히려 이것이 학교생활에 더욱 활력이 되었으리라 생각한다.

그래서 이 글은 더욱 의미가 있다. 청소년 시절에 자신들이 속한 사회의 모습을 고민했다는 것, 그리고 그 시기를 살아가는 자신에게 적어도 물음을 던졌다는 것 자체가 매우 가치 있는 도전이다. 글도 제법 탄탄하다. 어른들이 쓴 심리학 서적이나 이론서들과 비교하는 것은 무리지만 나름대로 심리학에 대해 연구하고 책도 많이 읽은 노력이 보인다. 그렇다고 어른 흉내를 내거나 어설픈 지적 허영을 드러내지도 않았다.

자신들이 바라보는 자신에 대한 성찰과 고민에서부터 글은 시작된다. 그리고 학교와 친구들, 사람들의 마음과 작은 세상에 대한 속 깊은 고민과 애정이 엿보인다. 시기상 어쩔 수 없는 청소년들의 불안과 욕구를 볼 수 있어서 오히려 읽는 도중에 그 시기의 아이들을 다시 이해하며 바라보는 계기가 되었다. 때로는 기존의 책에서 볼 수 없는 과감한 시도도 하고 새로운 관점으로 세상을 바라보려는 시도 역시 참신하다. 청소년들의 일상을 들여다보듯 재미있게 읽으면서도 고민이 느껴져 안쓰럽기도 했다. 하지만 글을 쓰는 과정과 결론에서는 어른 못지않은 성숙함이 보인다. 고민하되 거기에 매몰되지 않으려 하고 감성에 푹 빠져 있다가도 자신을 믿고 스스로에게 응원의 메시지도 던질 줄 안다.

학생에게 가장 큰 고민인 성적에서부터 외모나 인간관계, 이성과 미래에 대한 솔직하면서도 진지한 성찰까지 잘 표현되어 있다. 고민이 많은 청소년기라서 더욱 예민하고 불안함을 스스로 잘 알고 있지만 그것을 이해하고 더 나은 길로 가려는 마음에서 희망을 보았다. 어른들은 아이도 어른도 아닌 청소년을 늘 걱정과 불신의 눈으로 바라본다. 하지만 그 아이들도 자신의 삶에 대해 진지한 고민과 생각을 던질 줄 알며 선택의 중요성을 잘 알고 있다. 이 글을 오히려 어른들이 읽는다면 어른들의 생각 이상으로 자신의 삶을 책임지며 살아가려는 미더운 구석이 아이들에게 있음을 알게 되지 않을까.

"당신의 오늘 하루가 이런 고민을 닮고 있다 하더라도, 그 고민들을 헤쳐 나가고 있는 당신은 정말 대단한 사람입니다. 저 역시도 지금 이런 고민들로 둘러싸여 있는 걸요. 그럴 때마다 이렇게 생각했답니다. '나는 뭐가 문제지? 이 문제들을 해결할 사용 설명서가 있으면 좋겠다.'" 라고 시작하는 글에 이 책을 쓴 이유가 모두 담겨 있다.

누구나 고민한다는 것, 청소년도 예외가 아니라는 것, 하지만 그 고민을 헤쳐 나가는 자신들이 정말 대단하다고 스스로에게 용기를 불어넣는 기회가 되면 좋겠다.

이 책을 쓴 네 친구 모두에게 격려와 칭찬을 보내고 싶다. 그리고 앞으로 자신의 삶에 더욱 애착을 가지고 배운 지식을 세상을 향해 펼쳐 내길 바란다. 미래를 향해 날아가는 힘찬 알바트로스가 되기를 기대한다.

청명한 가을쯤, 연구소에서 한복희

고등학생들이 심리학책을 썼다고 해서 반은 호기심으로 그리고 솔직히 반은 의구심으로 이 책을 접했다. 그러다가 책장을 넘길수록 그런 느낌보다도 기대 이상으로 다양한 문제들을 전문적으로 정리하고 있다는 느낌으로 변해갔다. 책을 읽는 동안 줄곧 40년 전의 나의 고교시절과 비교해보면서 경탄하지 않을 수 없었다. 어른들이 읽더라도 10대들의 언어와 사고를 접하면서 심리학 공부를 할 수 있는 내용이 많이 담겨 있는 책이다. 부디 청소년들이 이 책을 부모님께도 권하여 우리들의 사고 수준이 이 정도라고 당당히 자랑했으면 한다.

전남대학교 심리학과 교수 윤가현

우리 청소년들은 삶에서 심리학을 접할 수 있는 경험이 그다지 많지 않다. 또한 학교에서 심리학을 배우는 것도 쉽지 않은 게 사실이다. 그래서인지 심리학은 청소년들에게 어렵게만 느껴진다. 그러나 또래 학생들의 심리탐구를 기반으로 쓰여진 이 책은 우리 청소년들이 보다 쉽게 심리학을 이해할 수 있는 청소년 심리학 입문서로서 손색이 없다.

국회의원 임내현

풋풋함 속에 신선함이 있고 평범함 속에 통렬함이 있다. 여느 청소년들처럼 평범한 학창 시절을 보내는, 비범하기보다 평범에 가까운 학생들이 심리학이라는 전문 지식을 일상에 녹여 오랜 노력 끝에 만들어 낸 '창의융합적' 작품이고 대한민국 인재들이 추구해야 하는 방향이 아닐까 싶다.

한국경제신문 HRD팀장, 글로벌혁신인재연구소장 박재범

심리학은 사실 그리 어려운 것이 아니다. 우리는 익숙한 생활에서도 깊숙이 존재하는 심리학적 용어와 법칙을 찾아낼 수 있다. 이 책은 학생들 스스로의 눈으로 심리학이 얼마나 재미있는 학문인지 알게 해 준다. 내 주변에 숨겨진 코드 같은 심리학 이야기를 찾아보는 것은 정말 흥미로운 일이 아닐까!

TEDx Korean Senior Ambassador(TEDx한국대사) 신윤희

1318 마음 사용 설명서

당신은 누구신가요? 당신은 혹시 학교에서 짬을 내어 이 책을 꺼내든 대한민국의 팔팔한 청춘? 그렇다면 잘 찾아오셨습니다. 이 책은 여러분과 함께 생각을 나누기 위한 책입니다.

대한민국에서 청춘으로 살아간다는 건, 꽤 만만치 않은 일이죠. 오늘 하루는 어땠나요? 혹시 이런 모습인가요?

공부는 하루 세 끼 밥 먹는 것과 같은 일상적인 문제, 거기에 맨날 보는 녀석들과 갑자기 생겨 버린 골치 아픈 친구 문제, 얼굴 위에 여드름과 온몸에 늘어난 살들을 보며 오늘도 한탄. 이런 딸, 아들에게 위로는커녕 무시무시한 포커페이스로 다가오는 엄마 아빠! 아, 이게 정말 청춘 맞아?!

당신의 하루가 이런 고민들로 가득함에도 그것을 헤쳐 나가고 있는 당신은 정말 대단한 사람입니다. 저 역시도 지금 이런 고민들로 둘러싸여 있습니다. 그럴 때마다 생각합니다.

나는 뭐가 문제지? 이 문제들을 해결할 내 마음 사용 설명서가 있으면 좋겠다. 마음에도 사용 설명서가 있다면 어떨까요? 핸드폰, MP3에 어떤 버튼을 누르면 노래가 재생되고 어떤 버튼을 누르면 전원이 꺼지는 것처럼 복잡한 우리의 인생도 사실은 어떤 버튼을 누르면 나오는 결과들로 이루어져 있습니다. 그 사용 설명서가 바로 '심리학'이 아닐까요.

이 책은 수많은 사용 설명서들 가운데 하나입니다. 대한민국의 학생으로 살아가는 여러분만의 사용 설명서이기도 합니다. 오르지 않는 성적은 우리 내면의 어떤 문제 때문인지, 어떤 버튼을 누르면 되는지, 새로운 친구를 사귀는 일은 어떤 버튼을 어떤 순서로 누르면 되는지, 부모님과의 다툼은 어떤 버튼 때문에 생겨난 일인지, 매일매일 일어나는 일상 속에 숨겨진 버튼들을 보여 주고자 합니다.

학업, 외모, 사람과의 관계, 그리고 '정신줄'까지 우리 청소년을 둘러싼 삶 속의 문제들과 그에 따른 수많은 심리학 버튼들! 이 버튼들을 통해 심리학이 우리의 삶 속에 항상 함께한다는 것과 고민의 원인을 알고 해결할 수 있는 방법도 심리학 속에 있다는 것을 이해하면 좋겠습니다. 이 책의 마지막 장을 덮은 후에는 당신의 삶에도 버튼이 보이기를 바랍니다.

2013년 10월
용인외고에서 당신에게 심리학 버튼을 선물하고 싶은
허정현 외 저자 일동

13

1

공부가 전부는 아니지만 …

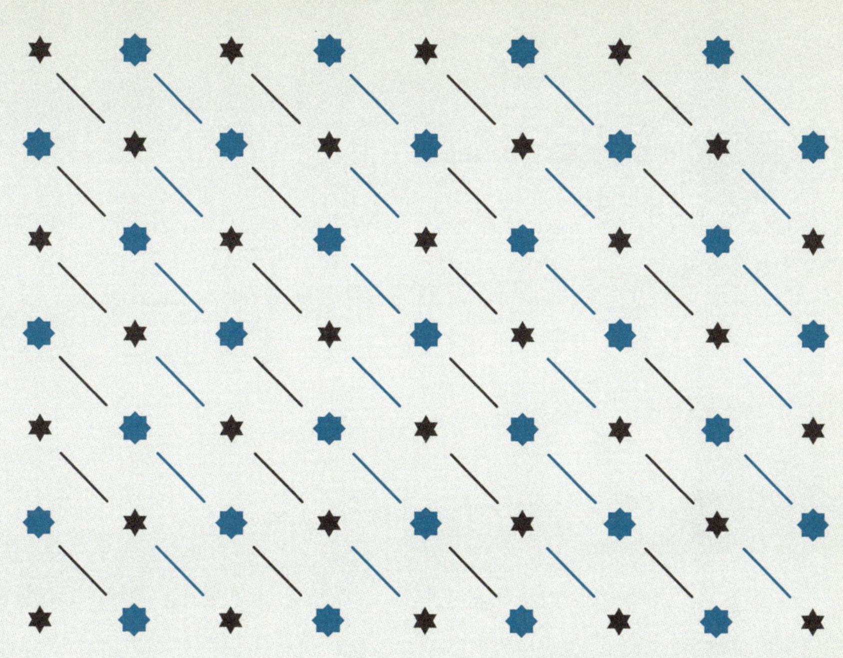

한 걸음 한 걸음 김가현

삘(feel)이 없는 날에는 신애경

한들이에게 허정현

시시콜콜하지만 중요한 이야기: 우리는 친구잖아 정수경

한 걸음 한 걸음
김가현

기이한 소리가 집안을 가득 메우고 어둠 속에 홀로 남은 여자는 그 소리를 따라 한 칸 한 칸 계단을 오른다. 걷다 보니 축축한 냄새와 바닥의 진득거림은 심해지고 소리는 점점 커져만 간다.

　　　　뚜벅

　　　뚜벅

　　뚜벅

　　끼이익

　　뚜벅

　　　뚜벅

　　　　뚜벅

이 장면에 실제로 무섭고 끔찍한 무언가가 보이는가? 아무것도 없다. 그냥 어떤 여자가 집안을 걷고 있을 뿐이다. 그럼에도 불구하고 스릴러의 이런 장면들은 정말 보는 사람의 피를 말린다. 나는 이런 장면이 나오면 손으로 얼굴을 가리고 손가락 사이사이 틈새로 마음을 졸이면서 본다. 끔찍한 귀신이나 괴물 자체보다 뭔가가 언제 어떻게 튀어나올지 모른다는 사실이 더 무섭다. 무슨 일이 일어날지 모르기 때문에 오히려 무슨 일이 실제로 벌어지는 장면보다 더 긴장감을 불러일으킨다.

우리가 공포영화를 보며 불안에 떠는 것을 떠올려 보면 쉽게 불안의 특징에 대해서 이해할 수 있다. 불안 Anxiety이란 '마음이 편하지 않고 조마조마한 상태'이다. 정확히 그 실체를 알 수 없는 모호한 상황에서 가장 커진다고 한다. 이런 불안은 굉장히 불쾌하기 때문에 인간이 가장 싫어하는 감정 상태이고, 따라서 이런 스트레스를 피하기 위해 인간은 불확실함 자체를 피하게 된다. 점집에 가서 점을 보거나 주식의 전망이 불확실하면 너도나도 주식을 팔아 버리는 모든 행동은 불확실함에 대한 걱정이나 불안을 최소화하기 위한 노력이다.

10대들이 불안해하는 건 당연한 현상이다. 10대의 삶에는 확실한 것을 찾기가 어려울 정도로 현재도 미래도 모든 게 모호하고 불확실하다. 어느 정도 진로나 가치관이 정착된 어른들에 비해 우리는 모든 것이 유동적이다. 그래서 어른들은 10대들에게 "구체적인 목표를 정하라."고 하고, 10대들도 그 불확실성을 줄이기 위해 자신이 갈 곳을 명확히 제시해 줄 선명한 목표를 세우려 애쓴다.

그런데 솔직히 말해 어디 목표 잡기가 그리 쉬운가? "장기 목표를 세우고 그에 따른 단기 목표를 만들어라.", "희망 직업이 뭐니?", "10대에 인생의 청사진을 그리자." 등. 나는 이런 말을 들을 때마다 답답할 때가 많았다. "넌 커서 뭐가 되려고 공부하니(혹은 공부 안 하니)?" 하는 질문을 받으면 "나도 모르겠는데 어쩌라고." 하며 짜증내고 소리치고 싶을 때가 다들 있지 않았을까? 잘나가는 사람들은 어렸을 때부터 계획적으로 정확한 목적지를 향해 씩씩하게 나아갔던 것 같은데 난 어디로 향하는지도 모르는 채 이렇게 눈앞에 닥친 공부만 하고 있어도 되는 걸까 하는 한숨을 지은 적이 꽤 있었다.

하지만 적어도 내가 지금까지 겪고 들은 바에 의하면, 앞으로 나아가는 데는 뚜렷한 목표가 필수조건은 아니다.

라디오 사연 중에 어떤 할머니가 미국 대륙을 걸어서 횡단한 것이 화제가 된 적이 있었다. 횡단을 마친 할머니에게 기자들이 성취의 원동력이 무엇이냐고 물었다. "처음엔 아들이 운동화를 사 줘서 좋아가지고 동네를 한 바퀴 돌았지. 해 보니까 참 좋더라고. 그렇게 하루하루 걷고 또 걷고 재미가 붙어서 걷다 보니까 이렇게 많이 와 버렸네."라고 할머니는 답했다.

이 할머니의 이야기는 우리의 성취, 특히 학업 성취와도 충분히 연결될 수 있다. 공부할 때 뚜렷한 목표가 보이지 않아도, 하루하루의 마음가짐과 즐거움으로 멋진 결과를 만들 수 있다는 것이다.

내가 이렇게 확신할 수 있는 이유는 직접 경험해 보았기 때문이다. 나도 휴학했을 때 '한 발짝 한 발짝' 방법을 통해 영어 실력을 많이 키운 경험이 있다. "웬 휴학?" 하는 독자들을 위해 그 배경을 말하자면 2006년 초등학교 6학년 말 졸업 사진을 찍을 시기였다. 난데없이 내 몸 속에서 종양이 발견되는 바람에 휴학을 하게 되었다. 물론 지금은 체력장도 거뜬히 해 내는 튼튼한 고등학생이지만 그 때는 수술과 약물치료로 면역력이 많이 떨어져 휴식 차 1년을 휴학했다.

퇴원 후 집에서 쉬면서 갑자기 변해 버린 내 상황에 당황스럽고 불안했다. 당연히 중학교에 들어가고 보통 아이들처럼 살 줄 알았는데 덩그러니 집에 남아 있으니 뭘 어떻게 해야 할지 막막했다. 이러다가 나만 뒤처지는 게 아닐까? 앞으로 학교생활을 잘할 수 있을까? 매일 엄마에게 하소연하면서 막막한 하루하루를 보내다 보니 지루하고 심심했다. 몸이 아파서 한동안 병실에 누워 있거나 먹는 것밖에 딱히 할 게 없었기 때문에 공부가 아니더라도 내가 성취감을 느낄 수 있는 거라면 뭐든지 하고 싶었다. 그래서 시작한 게 영어 공부였다.

딱히 무슨 목표가 있다기보다 '영어 공부를 해 볼까' 하고 영어책을 집어든, 지극히 단순한 시작이었다. 공부하는 한 순간 한 순간에 감사했고 재미를 느끼다 보니까 눈덩이가 데굴데굴 굴러가면서 점점 커지듯이 더 많이 공부하고 싶다는 욕구가 생겼다. 처음엔 하루에 한두 시간씩 책 읽는 정도만 하다가 막판에는 의욕 충만으로 비록 잘 못 알아들었지만 CNN뉴스도 닥치는 대로 들었다. 초등학교 6학년 때까지 다른 외고 진학을 목표로 하는 친구들하고는 비교할 수 없을 만큼 나의 영어 실력은 그저 그랬다. 아직도 내가 초등학교 고학년 때 영어를 너무 오랫만에 써서 '헬로우*Hello*'를 'Hellow'로 써 버렸던 기억이 선명하다. 하지만 이 1년 때문에 나는 적어도 용인외고를 꿈꿀 만큼의 수준에 올라올 정도로 영어에 빠질 수 있었다.

그러고 나니 이제 내 목표가 조금씩 보였다. 영어를 더 공부하고 싶고 외국에 나가서 살고 싶고 미국 대학에도 가고 싶어졌다. 지금 돌아보면 참 막연한 목표였지만 실력을 쌓다 보니 그런 목표가 자연스레 생겼다.

하루하루가 모여 실력이 늘었던 경험 그리고 그로 인해 가능해진 목표가 중학교 때 내신 관리, 용인외고 입학과 현재 고등학교 공부까지 고리처럼 연결되고 연결되면서 내 학업 성취에 중요한 바탕이 되었다. 몇 년 전까지는 설마 외국에도 한 번 안 가 본 내가 진짜 용인외고 유학반에서 미국 대학을 준비할 거라고는 상상도 못했다. 어떻게 될지 몰라 불안했지만 하고 싶은 걸 하다 보니 조금씩 길이 보이고 그래서 더 가다 보니 조금 더 길이 보이고 그렇게 걸어가다 보니 여기까지 오게 된 것뿐이다.

용인외고 입시라는 나름 치열한 경쟁에서 살아남은 나와 내 친구들을 보며 좋은 대학을 목표로 계획대로 살아왔기 때문에 성공한 것이라고 말하는 사람들이 많다. 그래서 중학교 후배들은 나에게 자기는 그런 명확한 계획이 안 보이니 성공하지 못하는 게 아니냐고 불안하다며 하소연을 한다. 물론 초등학교 때부터 집안에서 용인외고를 준비시켰다는 친구도 없진 않지만 나를 포함해 다른 아이들의 이야기를 들어보면 용인외고를 생각하지 않고 자기 길을 걷다가 온 아이들이 훨씬 많다. 예체능 쪽 전문인이 되려다가 학업으로 길을 돌렸지만 다양한 특별 활동으로 계속 자신의 재능을 키울 수 있는 학교를 찾아 온 아이, 외국에서만 살다가 조금은 외국 교육과 연관성이 있는 고등학교를 진학하기 위해 지원한 아이, 일반 고등학교에 있다가 답답함을 느껴 유학의 꿈을 안고 편입한 아이 등.

뿌연 미래에 대해 불안해하면서도 가만히 있다면 불안은 떠나지 않고 따라다닌다. 오히려 어떻게라도 부딪쳐 보는 게 낫다. 행동주의*Behaviorism*[1] 이론에서는 불안과 대면하는 연습을 통해 불안을 극복할 수 있다고 말한다. 심리치료사들이 고소공포증이 있는 사람에게 높은 빌딩 사진을 점진적으로 보여 주는 식으로 불안 치료를 하듯이 말이다. 우리도 학습 목표가 뿌옇다는 불안함에 집중하

[1] 행동주의: 심리적 탐구의 대상을 의식에 두지 않고 밖으로 나타나는 행동에 두는 심리학의 중요한 학파.

기보다는 문제를 직시하되 결과를 너무 걱정하지 말고 무엇이든 시도해 보자. 그러면 그 점과 점이 연결되어 어떤 큰 그림이 그려질 것이다. 스티브 잡스도 자신의 삶은 '점 잇기*Connecting dots*'였을 뿐이고 자신이 현재 원하는 것에 집중해서 열정적으로 사는 것이 가장 중요하다고 말했다.

앞이 좀 뿌옇다는 건 어쩌면 그만큼 아직 우리의 잠재력을 펼칠 기회가 무궁무진하다는 것일 수 있다. 그러니 몇 년 후에 내가 뭘 하고 있어야 할지 모른다고 고민하기보다는 오늘 나는 어떻게 공부할 것인가를 생각하는 게 어떨까? '두드리다 보면 열리겠지' 하는 마음으로. 파이팅!

참고
http://navercast.naver.com/contents.nhn?rid=133&contents_id=7398

삘(feel)이 없는 날에는
신애경

넘어지다

창문 밖으로 해가 지고 있다. 노을에 붉게 물든 교과서와 문제집, 옆에서 언제 가냐고 도서관 문 닫을 시간이라며 툴툴거리는 사서 언니, 그리고 노을빛에 취해 멍 때리고 있는 나.

뭔가 부족하다는 느낌이 든다. 나는 하루가 벌써 끝나간다는 허무함을 달래기 위해서 귀에 이어폰을 꽂는다. 그리고 귓속에 울려 퍼지는 나만의 배경음악을 들으면서 미래의 성공적인 내 모습을 상상해 본다.

큰 세미나에서 직장 동료들과 함께 의견 공유를 하는 내 모습.
깔끔한 사무실 속 대형 컴퓨터 앞에서 글을 쓰고 있는 내 모습.
아늑한 집안 서재에서 책을 읽고 있는 내 모습.

나는 도대체 언제쯤이면 그런 삶을 살 수 있을까, 라는 아쉬움에 한숨을 내쉬며 무거운 가방을 메고 집으로 향한다. 너무 많이 멍을 때려서 그런지 머릿속이 텅

빈 듯한 느낌이 든다. 몇 시간째 제대로 집중을 못한 채 도서관을 나와서인지 순식간에 몸 안의 모든 에너지가 휙~ 하고 빠진다. 마음은 공허하고 발걸음은 왜 이리 무거운 건지….

아무래도 오늘은 공부 삘이 아닌가 보다.

딛고 일어나다

가끔씩 또는 자주 우리를 찾아오는 불청객, 슬럼프. 이런 슬럼프에 한번 빠지면 공부는 물론이고 정말 아무것도 하기 싫어진다. 특히 열공 하던 도중에 갑자기 슬럼프가 찾아오면 정신적으로는 물론 신체적으로도 매우 힘들어진다.

지금까지 잘 해왔는데…, 왜 또….

책상에 엎드리거나 침대에 눕거나 어디든 축 늘어진 몸을 기대고 싶어진다. 이 때 금방이라도 터질 것 같은 울음을 참는 동안 내 머릿속에는 많은 생각이 스쳐간다. 공부의 중요성에 대해 의심을 품기도 하고 미래를 떠올리며 불안해하기도 한다. 좋은 대학보다는 행복한 인생이 더 중요한 거 아니냐고, 왜 청춘의 아름다운 시기를 이렇게 낭비해야 되는 거냐고 스스로에게 투덜거려 보기도 한다. 억울함과 화가 동시에 머릿속에서 불같이 타오르는 느낌이다.

그런데 이런 상태가 비단 우리 청소년만의 문제는 아니다. 학자들은 이런 증상을 '번아웃 증후군*Burnout Syndrome*'이라고 부른다. 온몸을 불태우고 나서 재가 되어 버린 자신의 모습이 상상되는가?

바로 지금껏 한 가지 일에 열중하던 사람이 심한 정신적 스트레스로 인해 무기력해지고 일하기 싫어지며, 본인이 열중하던 일에 회의감을 갖게 되는 것이다. 번아웃 증후군은 곧 우리를 의욕상실증으로 밀어 넣는다. 한번 빠진 의욕상실증에서 벗어나는 데에는 꽤 오랜 시간이 걸린다. 읽히지 않는 책과 하루 종일 씨름하다가 결국 책에서 도피해 몇 시간째 컴퓨터를 들여다보고 있는 우리 자신을 직면할 때 번아웃 증후군을 발견할 수 있다. 그러나 더 이상 문제를 회피하면 안 된다. 번아웃 증후군이 오랫동안 지속된 후에도 그 상태에서 빠져나오지 못한다면 자살에 이를 수 있기 때문이다.

번아웃 증후군 외에 많은 청소년이 겪는 심리적 현상에는 '파랑새 증후군 *Bluebird Syndrome*'도 있다. 이는 마테를링크의 유명한 동화 ≪파랑새 이야기≫ 속 주인공 치르치르와 미치르가 파랑새를 찾으러 이리저리 헤매며 돌아다니는 모습에 비유하여 지어진 용어이다. 이야기의 주인공들처럼 현재 삶에 만족하지 못한 채 먼 미래만 찾아 헤매는 증상이다. 이는 여러 자기계발서가 말하는 '내 성공적인 미래 상상하기'와는 확연히 다르다. 이 증후군에 걸리면 장래에 있을 비현실적인 행복과 성공만을 추구하면서 사실상 그 꿈을 이루기 위해 현재 아무 노력도 하지 않게 된다. 도서관에서 공부는 하지 않고 미래만을 꿈꾸며 무기력함을 느끼는, 앞서 나의 모습이 파랑새 증후군에 해당한다고 할 수 있다.

모든 사람들이 슬럼프를 겪듯이 번아웃 증후군이나 파랑새 증후군도 모두에게 가끔씩 찾아온다. 언제나 행복한 사람은 없으니까. 그럼 이런 슬럼프에 빠졌을 때 어떻게 해야 다시 활력소를 얻을 수 있을까? 일단 처음에는 우리가 가지고 있는 문제점을 인식하는 것이 우선이다.

지금 기분이 별로…; 모두 게 다 하기 싫고 인생이 아무 의미 없는 것 같고.

이렇게 자신의 감정을 확인하면 마음의 안정감을 조금 얻을 수 있다. 내가 내 상태를 조절할 수 있다는 느낌이 들고 내가 지금 겪는 일이 전에도 겪어 본 일이라는 걸 깨닫게 된다. 하지만 이렇게 자신이 가진 부정적인 감정을 인지하는 데에서만 끝나면 자칫 더 깊은 슬럼프에 빠질 수도 있다. 그럼 이후에는 어떻게 하는 게 좋을까?

약사이자 심리치료사인 에밀 쿠에는 '자기암시법 *Auto Suggestion*'이라는 것을 고안해 냈다. 이는 '위약효과 *Placebo Effect*'를 바탕으로 하는데 일정한 생각을 반복함으로써 스스로에게 일종의 주문을 거는 것이다.

지금은 힘들지만 이겨낼 수 있다.
나는 행복한 사람이다. 나는 훌륭한 사람이다.

'에이 뭐 그깟 말이 그렇게 힘이 있어?' 라고 생각할 수도 있다. 그런데 말의 힘을 보여 주는 실험을 한 TV 채널에서 방영한 적이 있었다. 갓 지은 따끈따끈한 밥을 두 통에 나눠 담은 뒤 많은 사람들로 하여금 한 통에는 '고맙습니다' 라고 말하고 다른 통에는 '짜증나' 라고 말하게 했다. 일주일 후 이 두 통 안의 밥을 관찰해 보니 '고맙습니다' 통에서는 구수한 냄새가 나는 곰팡이가 생기고, '짜증나' 통에는 썩은 냄새가 나는 곰팡이가 생겼다.

많은 전문가들은 우리의 말이 실제로 삶에 크나큰 영향을 준다고 한다. 조금은 오글거릴 수도 있지만 슬럼프를 겪을 때 긍정적인 자기암시를 해 보는 건 어떨까?

누구나 몇 달 동안 힘차게 앞을 보며 달려가는 시기가 있는가 하면 하루하루 슬럼프에 빠져 사는 시기도 있다. 나는 현재 전자에 속한다. 물론 그렇다고 해서 항상 에너지가 넘치고 열심히 인생을 살아가고 있다고 말할 수는 없다. 하지만 예전처럼 자주 우울해하거나 삶이 무기력하다는 느낌은 들지 않는다. 이는 아마도 시간이 지날수록 스스로의 감정 기복을 파악하는 능력이 높아지고 슬럼프에서 빠져나오기 위한 노력을 많이 해서 그런 것 같다.

어떻게 슬럼프에서 빠져나오느냐고? 사실 나도 그에 대한 정확한 답은 할 수 없다. 사람마다 성향이 달라서 우울한 상태에서 자신을 이끌어 내는 방법을 찾는 건 결코 쉬운 일이 아니기 때문이다. 내 주변 친구들을 보면 주로 슬럼프를 겪을 때마다 '방콕'하거나 친구들과의 '딥톡'을 통해서 기분을 풀려고 한다. 방콕과 딥톡 모두 기분을 조금은 나아지게 할 수는 있지만 부정적인 생각의 고리에서 통쾌하게 벗어나게 해 주지는 못한다. 슬럼프를 겪을 때 자신의 신체 컨디션이나 주변 환경을 조금이라도 바꾸면 오히려 기분이 더 빠르게 나아질 수 있다. 땀이 날 때까지 운동을 하든 새로운 곳으로 여행을 가든 우울한 감정과 분위기를 유지하지 말고 삶에 변화를 주는 걸 추천한다.

하루하루 열심히 달리다 보면 중간에 넘어지는 게 자연스럽다. 계속 넘어진다고 해서 언젠가는 영원히 달릴 수 있는 능력을 갖게 되는 건 아니겠지만 그래도 어느 순간부터 그 아픔에 익숙해져서 딛고 일어나는 게 훨씬 수월해진다.

나는 지금까지 넘어진 날보다 앞으로 넘어질 날이 더 많다는 것을 안다. 하지만 그때마나 딛고 일어날 수 있다는 믿음으로 오늘도 달린다.

한들이에게

허빵

한들[2]아~ 얼마 전에 네가 나한테 하던 신세한탄이 생각나서 이 편지를 쓴다. 이번 중간고사가 너한테는 유달리 힘들었지?

채점을 하면서 찡찡거리는 너에게 "야! 이 정도면 잘 나온 거지! 너 지금 내 점수 앞에서 그런 소리가 나오냐?" 하면서 한 번 노려봐 줬을 텐데…. 네가 이번 시험을 열심히 준비한 걸 잘 알기 때문에 실망하는 너에게 아무 말도 못 해 줬어. "얌마! 다음이 또 있잖아! 기운 차려~!" 하고 등짝이라도 한 번 때려 줄걸, 하고 지금 생각하고 있다.

그런데 풀이 죽은 너를 집에 데려다 주고 오는 길에 갑자기 나도 억울한 생각이 들더라. 아니 그러게? 매일같이 독서실 가서 3주를 꼬박 준비한 시험인데, 왜 우리 둘 다 점수가 안 나온 거지. 아, 그래 인정한다. 나는 뭐 맨날 독서실 가서도 핸드폰으로 몰래 웹툰 보면서 킥킥거리기도 했지. 그렇지만 너는 아니잖아?

---

[2] 한들: 시험을 뚫고 가고 있는 대한민국의 모든 학생들.

네 책은 이미 너덜너덜해질 정도라구~. 그런데도 정작 문제 풀 때 아무것도 기억이 나지 않다니, 그럼 너무 억울하잖아!

그래서 조사를 좀 했어. 어떻게 하면 우리도 공부한 만큼 성적이 나올까 하고 말이야. 그런데 우리가 공부해도 성적이 안 나오는 데는 다 이유가 있더라. 그래서 너에게 공개한다. 우리에게 필요한 '시험기간 전 효과 100배' 심리학 요법! 이거 잘 기억해 뒀다가 기말고사 때는 우리 꼭 성공하는 거야.

1. 사전 정보: 영어 단어가 내 머릿속에 들어오는 순간

너는 맨날 "이 책을 '아그작, 아그작' 씹어 먹어서 책 내용을 다 기억할 수 있으면 좋겠다!" 하고 찡찡거렸지? 근데 그게 막 씹어 먹는다고 외워지는 게 아니거든~. 다 절차라는 게 있어요. 그 절차에 따라 정보가 기억에 오래 남는 정도가 다 다르니까, 이 절차들을 잘 알아 놔야 해.

기억의 절차는 감각기억*Sensory Memory*, 작업기억*Working Memory*, 장기기억 *Long-term Memory* 이렇게 세 종류야. 그러니까 감각기억은 키보드고, 작업기억은 임시 저장, 장기기억은 영구 저장, 그렇게 생각할 수 있어. 키보드(감각기억)로 정보를 기입하면 워드에서 임시 저장(작업기억)을 여러 번 해 주잖아. 그리고 마지막으로 완성된 문서를 "저장하시겠습니까?"라고 컴퓨터가 물어볼 때 "네, 당연하죠." 하면서 저장을 클릭하면 영구 저장(장기기억)이 되는 거야. 아, 이게 단순한 컴퓨터 얘기가 아니고 네 뇌에서 정보가 기억되는 과정에 대한 이야기라니까.

우리의 '시험기간 전 효과 100배' 전략을 실행하기 위해선 먼저 각 과정에 대한 구체적인 정보를 이해해야 해. 감각기억(1단계)은 키보드처럼 외부의 정보가 처음으로 들어오는 공간인데, 네가 맨날 학교에서 눈으로 보는 내 예쁜 얼굴, 매일 듣는 내 섬세한 목소리같이 우리의 모든 감각을 통해 얻어지는 정보들이 원래 형태 그대로 잠시 보존되는 저장고야. 그런데 이곳에서 정보가 보존되는 시간은 1~4초에 지나지 않지. 1~4초가 지나면 단기기억에 저장된 정보는 우리가 잊게 되거나, 아니면 작업기억(2단계)으로 보내지는 거야. 만약 작업기억에 저장이 된다면 그 기억들 중 일부는 곧 부호화 과정을 통해 장기기억(3단계)에 영구적으로 저장돼. 그렇기 때문에 작업기억(2단계)에는 감각기억의 완전 따끈따끈한 새로 들어온 신상 정보들과 장기기억의 머릿속에 오래 박혀 있던 케케묵은 정보들이 막 왔다 갔다 하는 공간이야. 또, 우리가 "앗, 그게 뭐였더라?" 하면 케케묵은 정보들도 다시 작업기억으로 돌아와 우리가 기억을 해내는 거지.

안타깝지만, 작업기억은 저장할 수 있는 정보와 저장 가능 시간이 한정되어 있어. 대략 10~20초 동안 7개 정도의 정보만 저장돼. 그렇지만 장기기억은 그 용량이 무제한이고 지속기간도 영구적이래. 뭐? 네 머릿속에 모든 정보가 그냥 바로 장기기억으로 저장됐으면 좋겠다고?

글쎄, 모든 정보를 다 인지하고 기억한다는 건 어쩌면 고통스러운 일일지도 몰라. 과거의 힘들었던 시간들을 망각하고 다시 즐거운 하루를 인지하는 것이 우리가 살아가는 원동력일 수도 있을 걸?

아무튼, 우리의 목표는 공부한 내용 중 최대한 많은 내용을 흘려버리지 않고(망각) 장기기억에 저장하는 거야! 그러기 위해선 작업기억에 있는 정보를 장기기억으로 잘 끌어오는 것이 중요해. 그 활동을 부호화 *Encoding* 라고 하는데 이 부호화를 더 효과적으로 할 수 있는 비법들을 지금부터 알려 줄게.

2. 비법: 부호화는 아무나 하나!

첫 번째 비법은 '잘게 잘게 자른다.' 한들아, 교과서 한 장에 적힌 모든 글을 머릿속에 넣으려던 너의 암기법은 이제 그만 버려 줘. 그 시간에 대신 내용을 체계적으로 정리할 수 있다면 암기는 걱정 없어. 잘 생각해 봐. 내용 정리를 너 스스로 하기 위해서는 일단 내용을 이해해야 하잖아? 그리고 어떤 사건이 어떤 일을 일으켰는지 그 인과관계도 알아내야 하잖아? 또 모든 내용을 옮겨 적을 수 없으니까 요점들을 찾아내겠지? 짜잔! 그게 다 부호화야! 노트정리가 곧 부호란 말씀~. 우리의 뇌가 소화할 수 있을 정도로 전체 내용들을 잘게 잘라 정리해서 암기를 하는 거지. 이렇게 노트정리를 스스로 해 보는 것과 정리가 되어 있는 내용을 단순히 읽는 것의 효과는 많이 다르대. 요즘 문제집이 워낙 잘 나와서 노트정리는 그만둔 지 오래됐는데, 그게 내 뒷목을 잡을 줄이야. 나도 이제 노트정리를 시작해야겠어. 아, 참. 우리가 초등학교 다닐 때 부호화를 엄청 열심히 연습했는데, 혹시 기억나? 그런 전문 암기법을 초딩 때 했을 리가 없다고?ㅋㅋ 매일매일 그리던 나무 모양 마인드맵이 부호화의 기본이란 말씀! 그때 그렇게 열심히 그렸는데 말이야. 내 암기실력은 왜….

두 번째 단계는 'Drag & Ctrl V'. 네가 잘게 잘게 잘라 정리한 교과서 내용을 너의 삶 속에 끌어넣기 *Drag* 해서 붙이기 *Ctrl V* 하는 거지. 한마디로, 너의 생활 속에 새로 암기하고자 하는 내용을 연관시키는 거야. 이걸 정교화 *Elaboration* 라고 하는데, 그 예로 내가 무려 100점을 받은 동양사 수업의 암기비법을 전수해 주지. 자, 이제 나의 신호에 맞추어 기억을 떠올려 봐. 너는 지금 할머니와 함께 추석을 맞아 찾아간 사찰에 와 있는 거야. 절의 향 냄새가 느껴지고 주위의 불경을 외우는 스님의 목소리도 들려. 자, 그 길을 따라가다 사찰의 불상이 보여? 그 사찰의 불상에 우리의 시험 범위인 '간다라양식' 기법을 덧씌우는 거야. 이제 머릿속에 할머니와 함께 간 사찰을 떠올리면 간다라 양식의 크고 웅장한 기법이 함께 생각나는 거지. 어, 생각나지? Oh, yes! 이렇게 암기를 하면 된다니까. 즉, 배경지식에 새로운 내용이 플러스된다고 생각하면 돼.

마지막 전략은 '이미지화하기!' 복잡한 문장! 아니죠~. 간단한 그림 맞습니다~. 복잡한 문장을 하나의 그림으로 정리한다면 머릿속에도 바로 정리가 될 거야. 이중부호화이론*Dual-Coding Theory*이라는 심리학 이론이 있는데, 이 이론에 의하면 언어 기억체제와 심상 기억체제가 '함께' 작용해야 성공적으로 기억을 할 수 있어. 그러니까 서로를 설명해 주는 그림과 글을 함께 읽었을 때 암기 효과는 더욱 커진다는 거지. 도표, 사진, 삽화를 보면서 외우는 것이 기억력을 2배 높여 준다는 연구 결과도 있어. 문제집에 꼭 설명 하나에 그림 예시 하나를 붙여 놓는 이유가 그건가 봐. 그럼 이제 내 노트에도 기억을 떠올릴 수 있는 작은 이미지들을!

자, 이미지화하기를 지금 바로 연습해 볼까? 음, 세계사 수업 어때? 세계사에 잘 안 외워지는 인물 엄청 많잖아. 그런 경우에는 네가 그 인물이 되어 보는 거지. 그럼 머릿속에서 너를 주인공으로 100분짜리 영화 한 편이 연상되겠지? 그렇게 이미지화가 되는 거라니까~.

3. 보너스: 노란 양말을 7켤레 첨부하였습니다

너에게 암기보다 더 큰 문제는…, 바로 노란 양말 징크스? 뭐? 노란 양말 때문에 맨날 재수 없는 일이 생겨? 얌마, 그런 징크스는 네가 만들어 낸 거야~! 징크스 *Jinx*는 어떤 사건이 계속 일어났을 때 그 사건을 일으키는 원인이 확실하지 않음에도 불구하고 본인이 사건의 결과와 그 행동을 결부시키는 미신적 행동이래.

그렇게 네가 징크스를 만든 이유는 너의 성적이 어떻게 나올지 예상할 수 없기 때문이지. 그 결과와 무언가를 연관시켜 네 스스로에게 미래를 짐작하게끔 하기 위해서지. 알 수 없는 미래의 위험에서 자신을 지키고자 하는 보호심리에 의해 그런 징크스를 찾고자 한 거야. 하지만 징크스는 실제로 정해진 규칙이 아니라 자신의 지각 오류라는 걸 알아야만 해!

자, 그런 의미에서 너에게 노란 양말을 7켤레 선물한다! 내일부터 매일매일 신고 학교에서 보는 거야~. 솔직히 일주일 내내 안 좋은 일만 생기진 않을 거 아냐? 그렇게 네가 가지고 있는 조건화된 기억에 반하는 사실을 찾게 된다면 너의 징크스를 이길 수 있다니까.

와~ 정말 오랜만에 너에게 장문의 편지를 쓴다! 한들아! 이제 다음 시험은 걱정 없겠지? 뭐, 시험 문제 잘 찍기 위한 심리학 이론은 없냐고? 아쉽지만 아직까지 그런 건 안 밝혀졌나 봐. 그건 네가 커서 연구하고 일단 이제부터 나랑 같이 부호화 전략을 이용한 노트정리로 암기도 제대로 하고 네 시험 징크스도 날려 버리자고~. 후후 분명 많은 애들이 아직도 징크스랑 암기 때문에 고민하고 있을 걸. 엄청 고맙다고?

그럼 내일 학교에서 노란 양말 콜!

우리는 친구잖아

정수경

시험이 끝난 날. 모두들 서로 몇 개 틀렸는지, 누가 잘 봤는지 서로 확인하고 있는 어수선한 교실 안. 모두들 잘 봤니, 못 봤니 하며 미소 짓는 사람과 울먹이는 사람의 희비가 교차하는 시간이다. 아무래도 여기 끼면 자신의 점수마저 들통 날 것 같아서 아이는 슬쩍 그 자리를 빠져나온다. 그러나 복도에서 마주친 다른 반 친구.

"나 이번 시험 완전 망했다." (오늘 시험 이 정도면 잘 본 거겠지? 한두 개 정도 틀렸는데 뭐.) 친구가 발을 구르면서 말한다.

"뭘 망해? 너 이번에 완전 잘 봤다면서. 아까 애들이 그러던데." (헐, 잘 봤으면서. 아까 채점할 때 웃는 거 봤는데.)

"아니야. 나 완전 어이없게 틀렸어." (아까워라. ㅠㅠ)

"뭐 틀렸는데?" (뭐 틀렸는지 들어나 보자. 그래 봤자 한두 개이겠지만.)

"아, 마지막 문제에서 '두개 고르시오'라고 했는데 하나만 체크했어. 두 개 중에 완전 고민하다가 시간도 다 날리고. 그것만 맞으면 100점인데…." *(그래도 그 문제 어려웠으니까 맞은 사람 별로 없겠지?)*

"그래…" *(하아… 최고다…)*

아이는 대화를 얼버무리고 한숨만 푹 내쉰 채 복도를 빨리 지나친다. 지금 그 순간 머릿속에 스치는 생각들. 친구의 성적, 성적, 부모님께 보여드려야 할 성적표. 선생님이 이미 봤을 전교 석차. 그리고 다시 친구의 성적. '나보다 얼마나 잘 봤길래 저렇게 말하지? 아무리 친구라고 해도 저렇게 말하는 거, 좀 너무한 거 아닌가? 다른 사람들은 자신보다 문제를 더 많이 틀렸을 수도 있을 거라고 생각할 줄 모르는 건가?'

경쟁자 혹은 친구 사이

고등학생이 되어서 사귄 친구는 멋모르던 중학교 때 친구들과는 다르다. 어린이에서 어른으로 넘어가는 고등학생이라는 관문에서는 이해관계로 친구를 맺는 법과 순수한 우정으로 친구를 맺는 법이 서로 부딪히기 마련이다. 사회생활 할 때의 친구는 자신의 이익을 위해서 만들어진 친구라면 중학교 때 친구들은 이해관계에 얽히지 않았기 때문에 그 경계선이 정확하다고 생각한다. 그러나 그 사이인 고등학교에서는 '친구'라는 관계에 많은 의미가 얽히고설켜서 그 친구라는 참된 의미가 조금씩 달라질 때가 있다. 친구를 위하고 사랑하고 배려할 줄 아는 고등학생은 많겠지만 성적 앞에서는 민감해질 수 있다. 특히 끝이 없어 보이는 경쟁의 대장정 출발점에서 갓 발을 뗀 지금 말이다.

높은 성적과 명문대학교. 학교에선 오직 '공부하라'는 소리밖에 하지 않고 가정에선 학생과 부모의 충돌이 잦아진다. 아침 일찍 학교에 등교해 해가 진 뒤 한참 후에야 집에 돌아올 수 있는 청소년들. 그리고 그 후에도 쉴 새 없이 학원, 과외를 드나들며 보충학습을 하는 우리. 그리고 성적이 내려갈 경우 나보다도 바빠지는 우리 부모님. 모두 '다른 학생들보다 나아지기 위함'이다.

경쟁 속 우리들은 자신을 다른 사람들과 비교한다. 자신의 내면에서 자기를 비판하거나 평가하는 것이 아니라 타인에게서 자신의 열등한 모습을 찾는 것이다. 이를 '거울 속에 비친 자기'라고 하는데 상대방을 바라보며 자신을 찾게 되면 상대방의 더 잘 난 모습이 보이면서 상대적으로 열등감을 느끼게 된다.

우리나라의 청소년 중 4분의 1은 자살을 생각해 본 적이 있다고 말한다. 어느 나라에서도 쉽게 찾아볼 수 없는 수치이다. 그 중의 14퍼센트는 자살을 시도해 봤을 정도로 우리나라의 청소년 자살률은 심각하다. 그 중 청소년들을 극심한 스트레스로 몰고 자살을 부추기는 가장 중요한 원인은 바로 '학업과 진로'이다. 학업 스트레스가 청소년들을 자살로 몰고 있다. 그럼에도 경쟁을 부추기는 사회 현실은 '같이 열심히 해야지'라는 생각이 아닌 '내가 저 아이보다 못하는데, 꼭 이겨야지'라는 열등감을 갖게 한다.

상대방이 자신보다 더 좋은 성적을 가진 것 같아 보이는 이유도 그 때문이다. 자신이 부족하다고 느끼는 부분을 다른 이에게서 무의식적으로 찾게 되는데 이는 상대방과 나 사이에 좋지 않은 영향을 끼친다. 자신이 가지지 못한 그 '무엇'을 가진 남에 대해 경계는 물론 질투까지 하게 된다. 우리 사회는 점점 더 경쟁이 치열해지고 있으니 우리가 더더욱 '열등 콤플렉스'를 갖는 게 아닐까?

우리는 '살기' 위해 '경쟁'의 구도로 진입할 수밖에 없다. 경쟁에서 살아남아야 이길 수 있고 사회 속에서 발전을 이룰 수 있다고 굳게 믿고 있다. 하지만 이는 대한민국 고등학생이 짊어지기에는 벅찬 임무이다. 그 임무가 우리 스스로를 옭아맨다.

경쟁 사회 속으로 뛰어들기 직전의 우리는 모두 준비태세를 갖추고 있지만 아직은 미숙한 훈련병과 같다. 그리고 우리 앞에 부딪혀 올 사회에 대비하기 위하여 창과 방패는 물론 마음속 깊은 곳에서 친구를 '견제'해야 한다는 생각이 자리 잡고 있는 것이 사실이다. 그들이 설사 우리의 적이 아닐지라도, 마음속으로는 친구라 외칠지라도, 마음속 한켠에 자리 잡은 감정은 감추기 어렵다.

우리는 대한민국의 청소년이라는 무거운 짐을 짊어지고 있지만 조금이라도 그 짐을 덜기 위해 '친구'에게 다가서는 것이 어떨까. 하루만이라도 '경쟁'을 벗어난 진정한 친구, 내가 공부하는 원동력, 나의 경쟁자가 아닌 진정한 의미에 대해 생각해 보는 것이 어떨까? 아직은 우리가 어떻게 대응할 수 없는 사회 시스템이지만, '친구'라는 진정한 의미를 되새기고 주변 친구들과 공유하면서 우리의 세상을 맞는다면 그야말로 더할 나위 없이 밝은 미래가 펼쳐질 것이다.

2014년부터 고등학교 내신 성적을 절대평가로 산출하는 새로운 제도를 도입한다고 한다. 현재 사용하는 1등급부터 9등급까지 상대평가하는 방법은 지나친 등수 경쟁을 초래하기에 이 제도를 폐지하고, A부터 F까지 학업 성취도를 단계별로 표시하는 제도를 도입하기로 하였다. 이는 '경쟁'이 아닌 '학문'의 가치에 더욱 의의를 두는 변화라고 생각한다. 학업 성취 그 자체가 중요시되면서

우리는 평생 달려야 하는 경쟁의 레이스에서 조금은 숨을 쉴 수 있게 되는 것이
다.

서로 점수를 더 받기 위한 '경쟁'이 아닌 서로 높은 학업 성취를 위한 선의의 '경
쟁'을 하는 것은 나쁘지 않을 듯하다. 평생지기가 될 고등학교 시절의 친구들과
소소한 행복을 느끼고 학창 시절의 아름다운 추억을 위해 한 발짝 같이 내딛는
것이야말로 앞으로 우리가 지켜나가야 할 마음속의 약속임을 가슴 속에 새겨
보자.

2

머리부터 발끝까지

패션, 마음에 날개를 달아 드려요~ 허정현

첫인상의 거짓말?! 김가현

세상 모든 여자는 예.뻐.지.고.싶.다! 신애경

시시콜콜하지만 중요한 이야기: 성형만국 정수경

패션, 마음에 날개를 달아 드려요~

허빵

송심리 아나운서 :

안녕하세요, 여러분. 송송 심리토크 MC, 송심리입니다. 반갑습니다~! 한창 매섭던 날씨가 요즘 조금씩 풀리고 있죠? 형형색색의 꽃들이 피어나는 계절, 봄이 오는 만큼 사람들의 옷에도 따뜻한 봄바람이 불겠지요? 션꽝 앵커?

패션꽝 앵커 :

네, 그렇습니다. 패션을 사랑하는 이로서, 거리의 다양한 패션들을 볼 생각에 벌써 설레는군요~. 〉B〈 올해도 두껍고 무거운 겨울 옷들을 벗어던지고 갖가지 밝은 의상을 입은 사람들이 거리로 등장할 것으로 예상됩니다. 송송 심리토크에서 이번에는 특별히 거리가 아닌 학생들 속으로 그 취재를 떠나 본다고 하는데요, 아니 그런데 심리토크쇼에서 갑자기 웬 패션 취재인가요? 저희 오늘부로 송송 패션쇼로 바뀌는 건가요?

송심리 :

글쎄요, 봄나들이 겸 한번 취재를 떠나 볼까요? 사람의 심리를 이해하는 일은 어느 곳에서나 가능하답니다~. 일단 믿고 현장 속으로 함께 떠나 보시죠!

옷이 먼저 말해 주는 나의 기분

패션꽝 :

아~ 네, 시청자 여러분, 현재 여기는 용인외국어고등학교 정문입니다! 후후, 현재 많은 학생들이 지각을 면하기 위해 달리고 있습니다! 앗, 그런데 같은 교복을 입고 있는 학생들이라도 약간씩 스타일들이 다른데요? 슝심리 MC님, 같은 교복인데 느낌이 다른 이유는 뭘까요?

슝심리 :

네, 보통 교복을 입고 다니는 학생이나 정해진 유니폼을 입는 직장인이라면 그 패션에 차이가 없을 거라 생각하는데요, 동일한 의상을 매일 입는 사람이라 하더라도 그날의 심리 상태에 따라 스타일링이 약간씩 다르답니다. 예를 들어 저기 교복 위에 밝은 분홍색 코트를 외투로 입은 저 학생은 남자친구와의 연애로 감수성 넘치는 하루를 시작한 것 같군요! 같은 교복을 입고 있지만 교복 전체를 덮는 검정색 바람막이를 외투로 입은 저 학생은 아마 어젯밤 룸메이트의 코고는 소리 때문에 일찍 잠들지 못한 게 아닐까 추측해 봅니다.

패션꽝 :

아, 그러니까 본인이 입은 의상에 현재 자신의 심리가 녹아 있다는 말씀인가요?

슝심리 :

그렇죠.^^ 여성은 일반적으로 그날의 야외활동이나 일정에 따라 정해 놓은 옷을 입기도 하지만, 옷장을 연 그 순간의 기분에 따라 코디를 정하는 경우가 많다고 합니다. 영국의 한 심리조사에 따르면 행복한 여성은 자신의 몸매를 잘 보여 주는 의상과 밝은 색의 의상을 주로 꺼내 입는 반면 무기력한 상황에 있는 여성은 자신의 몸을 많이 가리는 헐렁한 티셔츠와 청바지를 주로 입어요.

패션꽝 :
그렇다면 우리가 매일매일 입는 옷들은 그날의 기분에 따라 다 결정이 된 것인 가요? 저는 항상 거울을 보며 고민과 고민 끝에 제 스타일을 결정한다고 생각 했는데요. ㅜ ㅡ ㅜ

송심리 :
매일 기분에 따라 의상이 조금씩 바뀐다고 하더라도 전체 의상에서 볼 수 있는 자신만의 스타일이 있잖아요? 그런 지속된 코디 방식은 자신의 자존감과 외모 에 대한 생각 등을 반영해서 만들어진 경우가 많습니다. 여기 용인외고 학생들 의 코디를 통해 그들의 내면을 한번 지켜볼까요?

부끄러운 나의 몸을 가리고 싶어, 오버사이즈 룩

패션꽝 :
아, 현재 시각 밤 11시, 학생들이 기숙사에서 사감선생님의 공지사항을 듣고 있군요. 모든 학생이 복도로 나와 있으니, 학생들의 봄 패션을 쫙~ 훑어볼 수 있겠는데요? 송심리 MC님, 현재 학생들의 패션이 어떻다고 생각하시나요? 제가 보기에는 요즘 트렌드를 잘~ 이해하고 있는데요. 가장 많이 보이는 코디 는 '오버사이즈 룩'이군요! 다리를 얇아 보이게 하는 심플한 블랙 레깅스 위에 본인의 사이즈보다 한 치수 더 큰 후드를 믹스 매치해서 마치 후드가 원피스처 럼 보이는데요! 오호~ 용인외고 학생들, 기숙사 생활에서도 요즘 패션 트렌드

를 꽉 잡고 있군요~.

송심리 :

흠, 역시 그렇네요. 많은 학생들이 역시 자신의 몸매에 만족하지 못하고 '외모 불안증'을 보이고 있습니다. 본인의 신체 치수에 맞지 않는 너무 큰 옷을 입거나….

패션꽝 :

잠깐만요! 송심리 MC님도 이제 패션 감각이 떨어지셨나요~. 딱 붙는 스키니에 빅 점퍼나 남성용 와이셔츠를 매치해서 입는 스타일은 요즘 필수라구요~. 그런데 이런 '오버사이즈 룩'이 본인의 외모에 대한 불안한 심리를 보여 준다니! 아니, 이런 스타일을 소화해 낸다는 것은 오히려 본인의 외모에 관심을 갖고 가꾸고 있다는 거 아닌가요?

송심리 :

자신의 신체 사이즈보다 과장되게 큰 옷을 입는다는 것은 본인의 몸매를 가리려는 의도를 보여 줍니다. 이와 반대로 본인의 신체 사이즈보다 작은 치수의 옷을 무리하게 입는 경우도 본인의 외모에 대한 불안에서 나타나는 증상일 수 있어요. 이를 '외모 불안증'이라고 하는데요. 늘 자신의 몸매보다 탄력 있는 S라인을 보여야 하고 더 날씬한 몸매를 보여야 하는 부담을 갖고 있는 사람들은 주로 큰 옷을 입음으로써 자신의 몸매를 숨기려고 하죠. 대부분의 사람들이 그런 부담감을 갖고 있으니, 큰 옷을 입는 트렌드로 형상화되었을 가능성도 있겠군요.

패션꽝 :

헛, 이거 참 듣다 보니 맞는 소리네요. 제가 큰 옷을 좋아하는 것은 뱃살이 조금 늘어나도 감출 수 있기 때문이고, 큰 후드 티가 저의 엉덩이라인을 숨겨 주기 때문에….

숑심리 :
션꽝 앵커님~ 전혀 몸매를 드러내는 것에 걱정하실 필요가 없어요. 자신의 신체 사이즈에 잘 맞는 옷을 입는 것만으로도 자기 몸의 아름다움을 찾고 더 사랑하게 되는 첫 시작이랍니다.

패션꽝 :
오홍오홍~ 이제 트렌드에서 벗어나 몸매를 살려 주는 옷을 찾아야겠는걸요? 내일 제 코디를 기대하세요~. 음하하핫.

에라이, 그냥 벗겠대! 과다 노출증

패션꽝 :
앗, 저기 걸어오는 저 학생! 몸매에 대한 자부심이 엄청난 듯합니다. 핫팬츠에 탱크톱으로 기숙사를 거닐고 있습니다! 실내의상이라고 해도 노출이 너무 심해 보이는데요? (흠흠 제 눈이 호강하긴 하는군요.)

숑심리 :
보기만 해도 추워 보이는 의상이에요~. 옷 좀 걸쳐 입으라는 주변 친구들의 따가운 시선이 저도 느껴지는데요. ㅎㅎ 제가 보기에는 이 친구는 옷을 '덜' 입는 것이 문제이군요. 저렇게 과도하게 노출을 하는 마음은 사실 과거의 상처에 기인한 경우가 많습니다. 본인의 자아는 아직 어린아이이지만 몸은 갑자기 너무 성숙해져 버린 여성은 본인에게 맞는 옷을 찾지 못하고 과다한 노출을 하게 되

기도 하고요. 이분들은 이미 노출이 심한 의상에 익숙해져 어느 정도 노출이 적당한지 알아차리지 못하는 경우가 많아요. 따라서 노출이 아닌 다른 방법으로 본인의 개성을 표현하는 법을 알아 가는 것이 좋겠군요~. 음, 이건 어떨까요? 저 친구의 개성을 살려 줄 스카프를 하나 선물하는 거에요. ^^

패션 무기력증

패션꽝 :
아, 사감선생님께서 오시는데요? 머리부터 발끝까지 올 블랙이네요. 검정색 티에 회색 운동복 그리고 검정색 양말로 마무리하셨습니다. 그나저나 학생들 말에 의하면 저 패션이 오늘부로 3일째 지속되고 있다죠. 패션을 사랑하는 이로서 사감선생님의 패션에 대한 귀차니즘이 정말 안타까울 따름이네요. 흐흑.

송심리 :
사감선생님의 올 블랙 패션은 귀차니즘이라기보다는 삶의 활력소를 잃은 무기력함의 표현이 아닐까요? 치열한 직장 혹은 공부 경쟁 속에서, 또는 한 가정의 어머니로 살아가면서, 본인을 아끼고 가꾸어 나갈 시간이 없었던 분들이 마음이 우울해지면서 그 겉모습 역시 침울함을 닮는 경우가 종종 보이곤 합니다. 본인의 현재 패션에서 심리 상태와 내면의 상처가 느껴진다면, 그런 상처를 치료할 수 있는 것 역시 패션이라고 할 수 있겠습니다. 본사에 심리 캐스터, 한힐링 씨를 연결해 패션 테라피에 대해 한번 알아볼까요? 한힐링 씨?

한힐링 :
네, 안녕하십니까, 심리 캐스터 한힐링입니다. 현재 대한민국 고등학교 지역에

심리 먹구름이 부분부분 몰려 있는 것을 보실 수 있습니다. '외모 불안증', '패션 무기력증', 그리고 '과다 노출증' 등이 전국적으로 발견되는데요. 이 먹구름은 패션 테라피*Fashion Therapy*를 통해 차차 맑게 개이겠습니다.

패션 테라피는 우울증, 불안과 같은 심리적 증상과 옷과 액세서리의 관계를 연구하여 실제 임상 치료에서 탁월한 효과를 거두고 있는 새로운 심리 치료법이라고 합니다. 앞으로 많이 애용하셔야겠습니다.

내일 날씨 알려드리겠습니다. 내일, 여러분께서 자신의 옷장을 다시 한 번 정리해 보시고 자신의 심리 상태에 대해 파악하신다면 전국 방방곡곡 화창하겠습니다. 유행을 따르는 옷, 자신을 숨기는 옷보다 본인을 편안하고 즐겁게 하는 컬러의 옷을 찾으실 수 있는 기회가 되면 좋겠습니다. 지금까지 심리 캐스터 한힐링이었습니다!

송심리 :
감사합니다, 한힐링 캐스터. 시청자 여러분, 저희 송송 심리토크쇼, 다음 이 시간에 더 건강한~ 마음과 더 건강한~ 스타일링으로 찾아뵙도록 하겠습니다.

패션꽝, 송심리 :
그때까지 마음 건강히, 안녕히 계세요.

참고
《옷장 심리학》, 제니퍼 바움가르트너 지음, 명진출판

첫인상의 거짓말?!

김가현

지하철 문이 열리고 그 사이로 한 남자가 들어온다. 빳빳하게 올린 갈색 머리에 약간의 아이라인이 돋보이는 눈, 그리고 쫙 빼입은 슈트. 주머니에 손을 넣고 약간 구부정한 자세로 들어오는 그에게 나는 '허세남'이라는 이름을 선사한다. '이름 선사'는 열차에 새로운 사람들이 들어올 때마다 나도 모르게 계속된다. 퀭한 눈 밑으로 이어지는 다크서클의 하염없이 깊은 울림. 시선은 책에 못 박힌 듯 꽂혀 있고 들고 있는 토플 단어집은 3대가 물려 쓴 듯 장마다 물결처럼 너덜너덜해져 있다. 삼선 슬리퍼에 목 늘어난 회색 라운드 티를 입고 들어온 조그만 언니. 나는 그녀에게 '공부 오덕'이라는 존경스럽지만 부럽지는 않은 이름을 선사한다.

지하철을 타서 새로운 사람들을 마주할 때면 나도 모르게 이런 이름 선사가 줄줄이 계속된다. 그 사람이 어디로 가려고 지하철을 타는지조차 모르지만, 딱 보는 순간 그 이미지는 각인되고 그에 걸맞은 이름은 이미 내 머릿속에 출력되어 있다.

이렇게 전혀 모르는 사람들을 첫인상으로 예측하는 건 아마 나뿐만 아니라 모든 사람들이 의식적으로 혹은 무의식적으로 하는 '이미지 만들기' 과정인 것 같다. 학교에서 새로운 반에 들어와 낯선 친구들을 처음 봤을 때처럼, 살면서 우리의 뇌가 한 발 빠르게 이미지 정립 머신을 쉭~ 쉭~ 돌리는 걸 경험한 적이 다들 있을 테니까. 그리고 그 이미지는 그 사람을 정의하게 하고, 우리가 그 사람에게 말을 걸거나 앞에서 행동할 때 영향을 끼친다.

첫인상을 무의식적으로 정의하고 그에 따라 판단하는 경향이 있다는 건 심리학에서도 증명된 이야기이다. 한 사람을 소개할 때, '똑똑하고, 근면하고, 충동적이며, 비판적이고, 고집이 세며, 질투심이 강함' 이라는 단어들의 배열로 소개할 때와 '질투심이 강하고, 고집이 세며, 비판적이고, 충동적이며, 근면하고, 똑똑함'이라고 소개할 때를 비교해 보면, 단지 순서만 바뀌었음에도 불구하고, 사람들은 긍정적인 형용사가 먼저 나왔을 때 그 사람에 대해 훨씬 좋은 인상을 느끼는 것으로 밝혀졌다. 이렇게 먼저 들어온 정보가 나중에 들어온 정보를 판단하는 데 많은 영향을 끼치는 걸 '초두효과*Primary Effect*'라고 한다. 이 효과에 따라 첫인상은 나중에 들어오는 정보를 해석하는 기준이 되어, 그 사람을 정의하는 데 큰 영향을 끼친다.

하지만 첫인상이 붙여준 이름표는 맞지 않을 때가 태반이다. 지하철의 '허세남'은 자리에 앉자마자 친구에게 전화를 걸었다. 그러고는 작디작은 목소리로 "야~~ 너 너무 오버한 거 아니야? 스타일이니 뭐니 해서 정말, 나 이렇게 꾸미고 나가 본 적 없는데 완전 부담스럽다고…. 소개팅 제대로 안 풀리면 너 때문인 줄 알아!" 하고 세상에서 제일 소심하게 말하는 것을 나는 들었다. 허세는 무슨, 저 사람 소개팅 나가서 여자랑 눈 마주칠 배짱이라도 있는지 걱정될 정도로 허세 -100의 모습을 보여 주었다. 그리고 내가 수여한 그 이름표는 저 멀리 저 멀리 날아갔다.

실제로 심리학에선 초두효과에 반하는 '빈발효과_Frequency Effect_'라는 것도 있다. 빈발효과_Frequency Effect_란 행동이나 태도가 반복적으로 제시됨으로써 첫인상을 바꾸는 현상을 말한다. 첫인상의 거짓말이 점차 들통이 나는 현상을 설명한 효과라고 할 수 있다.

가장 좋아하거나 친한 사람의 이미지를 떠올려 보자. 이성 친구도 괜찮고 친한 친구도 괜찮다. 아니면 좋아하는 선생님이라든지. 그리고 그 사람을 처음 봤을 때의 이미지를 떠올려 보자. 빈발효과에 의해 지금 이미지와 첫인상이 많이 달라진 경우가 많지 않은가?

2학년이 된 후 친해진 한 친구는 내가 이런 아이인 줄 몰랐다면서 예전에 나에 대해 가졌던 오해를 고백하기도 했다. 나는 1학년 2학기 때 학급 반장으로서 자습시간에 반의 분위기를 위해 떠드는 친구들이 있을 때 '강하게' 경고하곤 했다. 나와 같은 반이 아니었던 그 친구는 얼굴만 아는 사이였는데, 하루는 그 친구가 우리 반에 와서 친구와 왁자지껄하게 떠들고 있는 것이 아닌가! 몇 번 "조용히 하자." 라고 말하다가 결국 "떠들려면 나가 줘"라고 차갑게 말할 수밖에 없었다. 그렇게 나에 대한 첫인상을 가진 그 친구는 내가 엄청 냉정하고 원칙만을 고수하는, 딱딱하고 엄격한 아이라고 생각했다고 한다.

사실 그때 반장으로서 의무감 때문에 차갑게 이야기한 것일 뿐 적어도 내가 생각하기에 나는 덤벙거리며 말랑말랑한 사고를 좋아하는 사람이다. 하지만 웃고 장난치는 내 모습은 보지 못하고 그 상황에서 차가운 첫인상으로 각인된 그 친구에게 나는 그 한 면으로 정의되었고, 덕분에 나와 거리를 두게 되었다고 한다. 이런 상황 탓에 그 친구로서도 마음 맞는 친구를 늦게 알게 되었고 나 또한 내가 원하지 않는 모습으로 자신이 정의되었으니 둘 다에게 좋지 않은 결과였다. 만약 2학년 때 같은 반이 되어서 그 빈발효과를 겪을 기회가 없었다면 그 친구는 초두효과 때문에 나를 지금까지 오해하고 있었을지 모른다.

그런 첫인상의 여러 영향에 대해 다시 생각한 뒤 나는 지하철을 탔다. 이론적으로는 다른 사람을 첫인상으로 판단하는 건 별로 좋은 게 아니라고 생각하지만 무의식적으로 판단을 내리는 나는 변한 게 없었다. 이론과 현실은 역시 달랐다.

조금 달라진 게 있다면, 내 뇌에서 이미지 세팅이 다 되었을 때 '내가 세팅한 이미지는 저 사람이 가진 다양한 면의 조그만 한 쪽에 불과하겠지' 하고 되뇌게 된 것이다. 그 결과, 이질감이 느껴졌거나 거부감이 들었던 이미지의 사람들도 다 그냥 나랑 똑같은 사람들 같았고, 다들 친근하게 느껴졌다. 신기하게도! 우리가 첫인상으로 한 사람의 이미지를 고정시키는 건 바꾸기 어려운 습관이지만 '아닐 수도 있다' 라는 여지를 남겨 놓는 습관은 조금만 신경 쓰면 가질 수 있다. 그 사람도 남에 의해 자신이 멋대로 정의되지 않아 좋지만, 신경 쓰는 나 자신도 타인에 대한 무의식적 적대감이나 여러 불필요한 벽들을 없앨 수 있다.

만약 지하철을 탔을 때 오른손엔 단어장, 왼손엔 문제집을 들고 고개를 숙인 채 빽빽한 단어장을 마주하고 있는 여학생을 본다면, 그 여학생이 항상 그렇게 바쁘게 살거나 공부만 한다고 생각하지는 마시길. 집에서 웹툰 보다가 단어를 덜 외워서 그런 거니까. 그 여학생이 그 모든 영어를 알고 있다고도 생각하지 마시길. 그 여학생도 지금 머리 터질 듯 외우려고 노력 중이니까. 항상 저렇게 추레하게 입고 다닌다고 생각하지 마시길! 나도 오늘 옷 입은 거 정말 마음에 안 드니까. (그렇다고 내 얘기하는 건 아니지만. 흠흠!) 그냥 '저 아이도 꾸미고 춤도 추고 미친 듯 놀고 그럴 때도 있겠지.' 하고, 박혀 버린 이미지를 약간 흔들어 주시길! 히히, 그게 쉽지 않다면 당신의 프로필 사진을 생각해 보시길. 과연 한 순간의 모습이 당신의 모든 모습을 대표할 수 있는지!

첫인상이 남겨 놓은 프레임, 말캉말캉하게 만들어 버리는 게 어떨까?

세상 모든 여자는 예.뻐.지.고.싶.다!

신애경

두둥

다시 다이어트를 계획할 시간인 방학이 돌아왔다.

교실 앞에서 친구 H양은 주위 사람을 아무나 붙잡으며 이번에는 꼭 5킬로그램을 뺄 거라고 열심히 떠들고 있다. 내 옆에 조용히 앉아 있는 친구 Y양은 스마트폰으로 동네 주위의 좋은 헬스장을 알아보고 있다. 사회와 벽을 쌓은 지 오래된 친구 E양은 어차피 그런 고생해 봤자 아무런 효과가 없다고, 자기는 포기했다며 입시 후에 과학기술의 힘을 빌릴 거라고 말한다. 그리고 나는 공책 한 권을 꺼내 (지키지 못할) 운동 계획을 열심히 세우고 있다.

언제나 방학은 이렇게 시작된다.

시작은 늘상 그렇듯 좋은 편이다. 첫 3일은 특히 다이어트에 대한 열정이 불타오를 때여서 하루 세 끼 외의 음식은 절대 건드리지 않으며 아침에 꼬박꼬박 일어나서 운동도 열심히 한다. 새벽 아침의 상큼한 공기를 마시면서 땀을 흘리면 얼마나 만족스러운지. 하지만 이 뿌듯한 마음도 유효기간이 있는 법. 열정의 3일이 지나면 아침에 알람을 무의식적으로 끌 수 있을 정도의 초능력이 생기게 되기 때문이다.

이러한 날이 계속되면서 방학 초에 열심히 세운 다이어트 계획은 점점 기억 속에서 사라져간다. 우연히 본 달력에 빨간 동그라미로 표시된 개학날이 얼마 남지 않은 것을 깨달은 순간 '그동안 내가 왜 운동을 안 했지? 난 왜 맨날 이러는 거지? 으아아아아아!' 하고 회의감에 빠져든다.

하, 예뻐지는 건 참으로 어려운 일이다. ㅠ.ㅠ

우리 모두 쌤쌤 *Same Same*

"너 〈그 겨울, 바람이 분다〉 봤어? 조인성 너무 잘생겼어!! >_< 꺄~"

각종 텔레비전에 나오는 드라마 주인공들 및 아이돌 스타들의 외모 평가는 여고생들의 가십 속에서 빠지지 않는 주제다.

"난 걔 별로던데."

이렇게 다른 친구들과 다른 의견을 솔직하게 냈다가 난리가 난 적이 있다. 눈이 낮다는 둥, 시력이 안 좋다는 둥, 나중에 이상한 애랑 사귈 거라는 둥 친구들의 반격은 좀처럼 끊이지 않았다. 난 단지 내 생각을 말했을 뿐인데 말이다. ㅠ.ㅠ

이러다 보니 외모를 논할 때 내 개인적인 생각보다는 주위 사람들의 생각을 따르는 게 더 편해졌다. 친구들이랑 이야기를 한 후엔 심지어 이전에 내가 딱히 외모가 뛰어나다고 생각하지 않은 연예인들이 모두 예쁘고 멋있는 사람들인 것 같다는 생각까지 들기도 한다. 남들과 다른 의견을 제시한 후 발생한 불안감을 해소시키기 위해서 무의식적으로 내 행동과 생각을 그들과 맞추게 된 것이다. 이처럼 동조현상이 청소년들 사이에 많이 퍼져 있는 것은 어쩌면 당연한 일이다. 우리는 청소년기에 텔레비전이나 인터넷 등 각종 미디어의 영향을 가장 많이 받으니까.

남들과 선택이 다르면서도 남들과 동일한 행동을 하게 되는 동조현상은 외모의 기준을 논할 때 외에도 우리 사회 곳곳에서 많이 볼 수 있다. 동조현상의 위험성을 잘 보여 주는 대구 지하철 참사를 예로 들어보자.

2003년 2월 18일 오전 10시경 대구 지하철역에서는 12량의 지하철 객사가 모두 불에 타 192명의 사망자와 148명의 부상자가 발생한 참사가 일어났다. 범인은 50대 중반 지적 장애 2급으로 판정된 자로 지하철 내 승객들과 함께 죽을 각오를 하고 샴푸 통에 휘발유를 넣은 채 지하철에 탑승하여 불을 질렀다. 그날, 지하철 관리원들의 부실한 대처로 인해 화재의 조기 진압이 실패하여 결국엔 수백 명의 희생자가 발생하였다. 그런데 그날 죽음을 피할 수도 있었던 사람들까지 목숨을 잃었다. 바로 동조현상 때문이다.

화재 직후 CCTV에 찍힌 10분간의 화면을 보면, 많은 사람들이 죽음을 피할 수 있었지만 동조현상으로 아무도 조치를 취하지 않는 모습을 볼 수 있다. 화재로 인해서 지하철이 멈췄을 때 승객들은 '10분 후에 출발하겠습니다' 라는 안내방송을 들었다. 이 방송이 나간 후 지하철 안은 점점 연기로 가득 차고 있었지만 단 한 명도 일어서서 비상문을 열고 나가지 않았다. 모두 서로의 눈치를 살피면서 자리에 앉아 있을 뿐이었다. 한 명이라도 자신의 생각대로 용기를 내어 비상문을 열고 나갔더라면 자연스럽게 나머지 사람들도 지하철에서 탈출할 수 있었을 텐데…. 승객들은 서로의 행동에 동조되어 각자의 자리를 지켰고 결국에는 10분 후에 모두 죽음을 맞이하게 되었다.

대구 지하철 참사는 동조현상이 불러올 수 있는 극단적인 결과를 보여 준다. 다른 사람의 행동이 잘못되었다고 생각해도 동조현상 때문에 따라 행동하게 되는 경우의 위험성을 잘 드러낸다. 그렇다고 해서 이렇게 생명에 위협이 가는 상황에서만 자기 의지대로 행동하라는 것은 아니다. 외모의 기준을 논할 때도 다른 사람들의 판단을 존중하되 결국에는 자신의 소신대로 행동하는 게 중요하다. 군중 '속'에 한 명이 아닌, 군중을 '구성'하는 중요한 한 명이 바로 우리의 모습이 돼야 한다.

나는 청소년 시기가 외모에 민감할 때라는 것은 알고 있지만 다른 사람들이 세워 놓은 미의 기준에 동조된 군중 '속'의 한 명이 되지 않으려 노력한다. 외적인 미모의 기준 역시 사람들의 동조에 의해 세워진 가변적인 것이기 때문이다.

유효기간이 없는 아름다움

나는 나의 짧고도 짧은 인생을 살면서 깨달은 몇 가지가 있는데 그 중 하나는 바로 진정한 '미美'는 시간이 지나도 변하지 않는다는 것이다. 내 경험을 잠시 공유하기 위해 학교 친구들 이야기를 한 번 해 보겠다.

학교는 정말 각각의 개성을 지닌 사람들로 이루어진 작은 사회와 같다. 이 작은 사회에서도 분명 객관적으로 '예쁘다', '잘생겼다'라고 분류되는 학생들이 있다. 이 학생들은 그들의 뛰어난 외모 덕분에 매 학년 초에 친구들로부터 많은 관심을 받으면서 좋은 대우를 받기 마련이다. 하지만 그 중에서는 학년 초에 잠깐 반짝한 후에 별 관심을 못 받는 친구들이 종종 있다. 외모에 관심이 많은 청소년들도 외적인 매력은 그 효력이 다소 짧다는 것을 아는 것이다. (*물론 뛰어난 외모뿐만 아니라 내적인 매력도 소유한 팔방미인들도 가끔 본다. 허나 이는 매우 희귀한 종족들이다!*) 우리는 오히려 시간이 지날수록 '예쁘다', '멋있다'라는 찬사를 듣는 친구들이 진정한 미를 가지고 있다는 것을 알게 된다.

내 친한 친구 중에 C양이 바로 그런 경우다. 남의 시선을 사로잡는 강렬한 첫인상은 아니지만 오래 알고 지내다 보면 정말 C양보다 배려심이 깊고 착한 사람이 있을까라는 의문을 품게 된다. 독실한 기독교인의 자세와 꾸준히 독서를 하는 모습으로 동기와 후배들 모두로부터 존경을 받는 C양. 이런 C양에게 주변 친구들은 예쁘고 멋있다는 말을 자주한다. 이는 첫인상을 보고 건네는 가벼운 칭찬이 아니고 정말 가슴 깊은 곳에서 우러나오는 진심의 말이다. 모두 C양의 유효기간 없는 미에 반한 것이다. 나를 포함하여 말이다.

"태어난 외모는 부모 책임이지만 40대 이후의 얼굴은 자기 책임이다." 라고 링컨은 말했다. 어느 정도 시간이 지나면 아름다움을 결정짓는 것이 그 사람의 인성, 가치관, 그리고 살아온 길이지 본래 타고난 생김새가 아니라는 것이다. 자신의 외모가 조금 부족하다고 느끼는 사람들, 절대 좌절하지 마라! 우유 빛깔 피부를 가지지 못해도, 키가 조금 작아도, 날씬하지 않더라도, 쌍꺼풀이 없고, 코가 오뚝하지 못해도 괜찮다. 이러한 외적인 미의 요소에는 유효기간이 있기 때문이다. 결국에는 내면에서 풍겨 나오는 유효기간 없는 미가 예쁘고 멋있는 사람의 아우라를 풍기게 하는 것이다.

그럼 지금 한번 생각해 보자. 이 글을 읽고 있는 자신의 미는 유효기간이 얼마
인가?

성형만국

정수경

"어제 소개팅 했다면서? 그 사람 어땠어?"

"음… 키는 무척 크고, 생긴 건 평범하더라. 머리도 노랗고 옷 입는 것도 약간 날라리 같던데. 근데 피부는 정말 좋더라. 여자보다 더 하얗던데? 그렇지만 내 스타일은 절대 아니었어. 요즘엔 댄디하고 단정한 게 좋던데?"

"아니, 그게 아니라…."

스쳐 지나가는 행인들, 매일 마주하는 사람들, 그리고 특별한 상황에서 마주치는 특별한 인연들. 우리는 하루하루를 보내면서 각양각색의 사람을 만나게 된다. 지금 자신의 곁에 있는 가족과 친구 같은 사람들을 제외하고도 우리는 매일 사회생활을 하면서 많은 사람들을 만난다

소개팅에서 이성을 만났다고 치자. 위의 대화처럼 보통 처음 만난 사람을 소개할 때 우리는 그의 생김새에 대해서 꼼꼼히 말한다. 우리가 처음으로 하는 말은 대부분 성격이 밝다거나 좋은 인성을 가졌다는 것이 아니라 '~하게 생겼고', '키

는 ~정도고' 등 외모를 나타내는 말들이다.

여기서 우리가 알 수 있는 것은 무엇일까? 그것은 바로 우리가 다른 사람들을 기억하는 수단이 그들의 '외모'라는 것이다. 외모가 한 사람을 판단하는 제일 첫 번째 기준이 된 것이다. 준수한 외모도 세상을 살아갈 때 힘이 될 수 있다. 조지 아주립대에서 발표한 '아름다움의 힘'이라는 실험 결과가 있다. 좁은 인도에서 보행자들은 평범한 외모의 여성보다 아름다운 여성과 마주쳤을 때 더 멀리 피해서 상대방이 편히 지나갈 수 있도록 배려해 주었다. 이는 아름다운 여성이 세상에서 조금 더 많은 배려와 관심을 받는다는 흥미로운 관찰 결과였다.

또한 경제학자들도 비슷한 의견의 연구 결과를 내놓은 바 있다. 외모가 준수한 남성은, 평균적으로 그렇지 않은 남성들보다 5퍼센트 정도 더 많은 수입을 얻는다. 잘 생긴 사람은 선생님과 상사에게 더 많은 관심을 받는다는 이야기이다.

이는 심리학적으로 미美의 잣대가 남들을 대하는 척도가 될 수 있다는 증거이다. 따라서 사람들은 사회에서 외적 미의 기준으로 상대방에게 거부 받거나 불이익을 당하지 않기 위해 노력한다. 사회적 거부 *Social Rejection*에 대비해 사람들은 더 아름답고 날씬한 사람이 되기 위해 거대한 물결에 휩쓸리고 있는 것이다.

우리나라는 세계에서 인구 대비 성형 횟수가 가장 많은 나라로 발표된 바 있을 정도로 '성형강국'이다. 더욱이 외국에서 우리나라에 있는 성형외과를 직접 찾아오기도 한다. 그만큼 많은 사람들이 병원에서 아름다움을 찾고자 한다. 그러나 왜 이렇게 자신의 겉모습을 가꾸기 위해 모두들 애쓰는 것일까? 외모가 인간의 가치를 평가하는 기준에 적합한 것이기 때문인가?

사실 이 글을 읽는 많은 독자들은 자신은 주변 사람들을 외모로 판단하지 않는다고 생각할 것이다. 그럼에도 불구하고 사람들은 성형을 한다. 자신감을 얻기 위해서라고도 하지만 내 생각에는 그 주된 원인은 '미디어' 때문이다. 방송에는 유독 아름다운 사람들을 치켜세우고 못생긴 사람들을 웃음거리의 소재로 만든다. 방송에서조차도 못생긴 사람들이 사회적으로 거부되는 모습을 간접적으로 보게 되는 것이다.

이런 방송들은 모두들 웃고 즐기기 위함이지만 보는 사람들로 하여금 눈살을 찌푸리게 하거나 씁쓸한 마음이 들게 한다. 많은 사람들이 그것을 보면서 자신도 모르게 아름다운 외모에 대한 동경, 그리고 그것을 갖지 못한 열등의식을 느끼게 한다. 그리고 사람들의 자존감까지 건드린다.

외모 열등의식은 경제적인 열등의식으로까지 이어지는데, 이는 돈이 있으면 성형이 가능하다는 점에서 비롯된다. 돈으로 외모까지 살 수 있는 현실에서 돈이 없으면 사회적으로 가치가 없는 사람이라고 스스로 결론을 내린다. 즉, 사람들은 돈이 없어서 아름답지 못하고 사회가 자신을 거부한다는 생각마저 갖는다. 결국 사람들은 외모도 '능력'이라고 판단하게 되는 것이다.

자신을 사랑하고 가꾸는 모습은 좋은 자세이다. 하지만 위에서 말한 사람들은 외모를 '능력'이라 생각하고 돈으로 아름다움이라는 가치를 사는 것이다. 이는 성형을 통해 코를 세우고 눈을 찢고 턱을 갸름하게 만들고 얼굴을 주름 없이 팽팽하게 하면서까지 자신의 '능력'을 보여 주고 싶은 사람들의 욕구이다. 그리고 그것은 사회가 받아줄 것이라는 희망, 사회가 자신을 거부하지 않을 것이라는 생각들이 모여서 만들어진다.

사람들은 아름다운 얼굴과 각선미를 가지기 위해 무던히 노력하고 그것을 위해 돈까지 무분별하게 쏟아 붓는 신세가 되었다. 외모를 중시하는 사회를 막을 수는 없지만 어딜 돌아봐도 성형외과가 즐비한 현실은 너무한 것 아닌가.

사람의 내면을 알기 위해선 많은 시간과 에너지가 필요하지만 외모는 그렇지 않기에 인스턴트 만남에 익숙한 현대인들은 외면을 볼 수밖에 없다. 이는 부작용을 가져올 수 있다. 모두가 똑같은 미의 잣대를 따라가다 보면 개성을 잃고 남들이 보는 자신을 위해 살기에 내가 누구인지조차 잘 모르고 살게 된다. 또한 돈만 있으면 아름다운 외모로 사람의 마음을 살 수도 있다는 착각에 빠져 물질만능주의*Mammonism*의 근본적인 문제가 발생한다. 외면의 아름다움을 위해 이렇게 많은 것을 버릴 정도로 외모가 중요한 것일까?

꼭 그렇지만은 않다. '외모'란 다른 사람이 보는 나의 외적인 요소들과 내가 하는 행동을 모두 포함한 것이다. 심리학자 사이토 이사무에 따르면 사람들의 몸짓과 표정, 시선처리 등에서 표출되는 우리의 모습은 다른 사람들로 하여금 나를 판단하는 데 굉장히 중요한 요소다. 즉, 사람들의 얼굴과 몸에서 표현되는 이미지보다 그 속에서 나오는 표정과 행동이 사람을 판단하는 데 중요한 척도가 된다는 것이다.

우리가 드라마를 볼 때 사람들은 보통 드라마 속의 캐릭터가 그 역할을 연기하는 배우의 캐릭터와 동일하다는 착각을 하기 쉽다. 그러나 그 사람의 말과 행동은 극본에 따른 연출일 뿐 그 사람의 인성은 그와 상반될 수도 있다. 예를 들어 밝은 이미지와 준수한 외모로 사람들의 호감을 샀던 방송인이 나중에 폭행을 서슴지 않는 사람이라는 사실이 밝혀지면서 많은 사람이 충격에 빠진 경우도 있다. 이처럼 얼굴에서 느껴지는 사람의 이미지보다 행동이 사람을 알게 하는 중요한 포인트라는 점을 꼭 기억하면 좋겠다.

외모로 남들에게 호감을 살 수 있는 시간은 굉장히 짧다. 학교나 직장에서 몇 년을 생활하면서 얼굴만 보고 상대방과 공부하거나 일하진 않을 것이다. 또한 결혼 생활에서도 평생 배우자의 외모만을 사랑하는 관계는 절대 있을 수 없다. 그만큼 장기적으로 우리의 생활에 영향을 미치는 것은 절대 외모가 아닌 내면 이다. 외면보다 내면에서 우러나오는 행동으로 사람을 판단할 때 훨씬 더 많은 에너지와 시간이 걸리기에 사람들은 간단히 외면으로 사람에 대한 편견을 가 진다. 그러나 시간이 흐를수록 외모보다는 인성과 능력으로 평가한다. 외모에 대해서 이제는 조금만 더 긴장을 풀어도 되지 않을까.

참고
http://legacy.www.hani.co.kr/section-021160000/2008/04/021160000200804
170706054.html

3

역시 사람이 제일 어렵다니까!

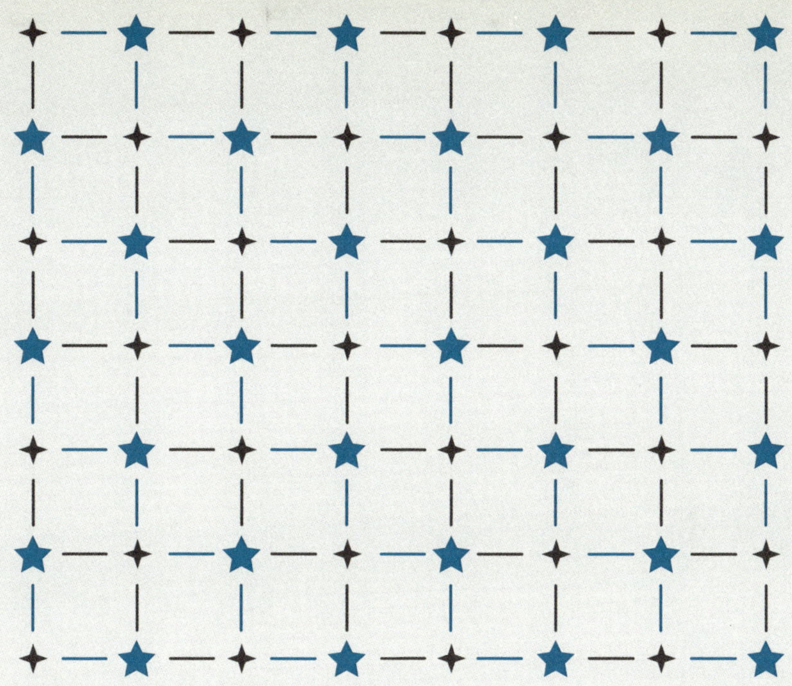

연애 심리 족집게 특강 김가현

네버랜드 탈출하기 신애경

새로운 사람과의 관계가 어려우신가요? 허정현

시시콜콜하지만 중요한 이야기: In Between 정수경

연애 심리 족집게 특강

김가현

아침에 눈을 뜨자마자 반사적으로 핸드폰을 켜서 어젯밤 보낸 문자의 답장을 확인해 본 경험이 있으신가요?

'메시지가 도착했습니다'를 보고 눈곱 낀 얼굴로 환하게 미소 지은 뒤

   '미안ㅠ 이제야 봤어… 자??' 1:00 am
   '자나 보네… 잘자…' 1:15 am

새벽에 상대방이 보낸 문자를 보면서 오던 잠도 다 깨고 행복에 젖어 본 적이 있으신가요?

혹은,

   '새 메세지 0통'

아침부터 울적해하면서 "내가 그 밤에 뭘 한 거지! '밀당'을 했어야지, 밀당을!"

하면서 다시 이불을 뒤집어 써 본 적이 있으신가요?

달달할 때도 쓰릴 때도 있지만 그 존재만으로도 하루하루를 다이내믹하게 만들어 주는, 우리가 경험할 수 있는 어떤 관계보다 가장 심장을 자주 쫄—깃 쫄—깃 하게 만들어 주는, 연.애. 어른들은 이 단어가 10대와 어울리지 않는다고들 하지만, 그 어른들의 연애 역사도 교복을 입던 시절부터 시작되지 않았을까요?

연애의 유치하지만 강력한 힘은 10대들을 힘들게도, 기쁘게도 하면서 계속 우리를 툭툭 건드리죠. 특히 우리같이 쉽게 감정에 좌우되고 여러모로 대인관계에서 경험이 부족한 10대들에겐 이 연애라는 것이 참 미스터리하고 골치 아플 때도 많아요. '아, 난 뭘 원해서 애한테 이러는 거지', '남자인 친구인데 아예 친구 같지는 않은데… 뭐지?!', '왜 난 이렇게 바보같이 행동하지?' 상대방의 마음은 둘째 치고 일단 자신의 마음조차 이해하기 어렵고 마음대로 조절하기 힘들 때가 많은 것이 사실이죠.

내 의지론 어쩔 수 없는 그 쫄깃쫄깃한 순간들이 찾아왔을 때 좀 더 후회하지 않도록 현명하게 대응할 수 있는 방법은, 그래도 어느 정도 내 감정과 심리에 대해 객관적인 눈을 갖는 것인 듯해요. '지피지기면 백전백승'이라 했으니, 우리가 느끼는 이 감정과 관계에 대해서 정말 '왜' 그런지 알아보고 적용하면서, 다음번엔 좀 더 후회 없는 관계를 꾸려나갈 수 있도록 심리학과 함께 탐구해 보자고요.

좋아하는 사람이 문을 열고 들어오는 순간 그 뒤에 후광이 비친다고들 하죠. 그런 반짝거림이 눈을 잠시 멀게 하듯이, 어떤 사람을 좋아하다 보면 그 사람의 좋은 점만 보이고 항상 그 사람이 반짝거리는 것처럼 보이는 경우가 있어요. 하지만 시간이 지나면서 그 후광은 점점 사그라지고 "내가 미쳤다고 걔를 좋아했지!"하며 끝나는 경우도 매우 많아요.

후광효과는 말 그대로 후광 때문에 그 사람이 전체적으로 빛나 보이듯, 어떤 대상이나 사람에 대한 일반적인 견해가 그 대상이나 사람의 구체적인 특성을 평가하는 데 영향을 미치는 현상이에요. 예를 들어 한번 어떤 사람을 블링블링한 사람으로 인식하면 '누가 봐도 좀 허세인 행동'들도 쿨하고 멋있는 모습으로 보이고, '누가 봐도 내숭인 행동'들 또한 조신하고 얌전한 모습으로만 보이는 것이지요.

물론 이런 콩깍지 때문에 행복한 감정을 느낄 수는 있어요. 하지만 "헐, 걔는 좀 아니야."라는 친구의 말을 흘려듣기 전에 혹시 내가 극단적인 후광효과로 인해서 그 사람이 좋은 사람이라고 너무 섣불리 판단하고 있는 건 아닌지 생각해 볼 필요는 있어요.

이성 친구가 생기면 다른 무엇보다 언제든지 기댈 수 있는 사람, 나를 좋아해 주는 사람이 있다는 안정감이 생기죠. 항상 자신을 반기는 힐링캠프가 바로 옆에 있는 느낌이랄까요? 한 친한 친구는 '자기 짐을 들어줄 수 있는 사람'이 필요하다면서 남자친구를 원하더라고요.

물론 그건 단순히 무거운 짐을 대신 들어줄 사람을 의미하는 것이 아니라 살면서 힘들거나 부족한 게 생길 때 언제든지 도움을 요청하거나 적어도 전화해서 힘들다고 말할 수 있는 상대가 필요하다는 말이겠죠. 제가 그 친구한테 그럼 나 같은 친구한테 기대면 되지 않느냐고 하니까 이성 친구에게 기대는 거와 동성 친구에게 고민 상담하는 것은 다르다고 하더군요. 부인할 수 없었어요!

하지만 그런 '기댐'이 일방적이어서는 곤란해요. 또한 기댐이 너무 커지면 '신데렐라 콤플렉스' 같은 심리를 가질 수도 있으니 경계해야 해요. 신데렐라 콤플렉스란 왕자님을 통해 모든 어려움과 가난한 신분에서 벗어난 신데렐라처럼 여성들이 자신의 삶을 변화시켜 주고 보호해 줄 왕자님을 고대하는, 의존적인 심리를 말해요. 자기 자신에게 능력이나 자립심이 부족한 것을 해결하기 위해 이성 친구에게 의존하고 기대면서 안정적인 상태로 돌아가려는 경향이죠.

서로가 서로에게 어느 정도 기대서 힘들 때마다 에너자이저가 되어 준다면 정말 좋겠지만, 그런 관계는 각자가 스스로 독립적으로 책임 있게 행동할 수 있고 자기 일은 자기가 해결할 수 있는 자립심 위에서 건강하게 이루어진답니다. 공부나 부모님 관계로 너무 힘들고 세상에 내 마음대로 되는 게 없는 것 같으니까 남자친구의 애정에 의존해서 거기에만 너무 매달리거나 자신의 어려움을 회피하려는 연애는 진정한 '연애'라기보다는 이성 친구를 나의 '심리 안정제'로만 여기는 것과 다름없는 것 아닐까요?

많은 10대 커플들을 보면 처음엔 다들 좋은 '친구'로 시작하죠. "너네 사귀는 거아냐?" 하면 "아니 그냥 친구야, 친한 친구." 이런 답변이 오는 경우 십중팔구 사랑하는 사이로 발전될 가능성이 높죠! 같이 많은 시간을 보내고 자주 보면 볼수록 그 사람에게 호감을 가지게 되기 때문이에요.

실제로 이런 현상을 심리학 용어로 '단순 노출 효과'라고 해요. 단순히 많이 본 대상에게 더 호감을 가지게 되는 사람들의 심리를 말해요. 신기한 것은 실제로 인사를 하지 않고 정말 그냥 알게 모르게 옆에 더 많이 있어도 그만큼 호감도가 올라간다고 하네요. 그래서 심리학자들은 자신이 호감 있는 이성에게 다가갈 때 무작정 다가가지 말고 일단 자주 그 사람의 시야에 들어간 다음, 즉 어느 정도 '친숙도'가 올라간 뒤에 정식으로 다가가면 더 좋다고 해요. 사실 우리가 좋아하거나 좋아했던 사람들 중에는 한눈에 반하거나, 많은 시간을 같이 보내지 않았는데도 호감이 생기는 경우도 가끔 있지만, 좋아하게 될 줄 몰랐는데 자주 보고 같이 있다 보니 호감이 생기는 경우가 대부분이니까 쉽게 이해가 되더군요.

대신 그만큼 진짜 내가 이 사람을 좋아하는 건지, 단순 노출 효과 때문에 정이 들어서 그런 건지 분간이 잘 안 되는 단점이 있어요. 과거에 좋아했던 사람들 중에서 그 사람이 '이 사람 아니면 안 될 정도로 특별하다' 해서 호감을 가졌다기보다 단순히 친숙하고 편하다는 이유로 호감을 가진 사람이 다들 있지 않나요? 그런데 이런 호감은 비교적 얕은 감정이기 때문에 섣불리 사귀기로 결정하면 오히려 혼란스럽고 골치 아픈 관계가 될 수 있어요.

자 이렇게 짧지만 핵심만 꼭꼭 짚어 본 연애 '심리' 특강이 끝났어요. 평소에는 그냥 지나쳤던 감정들을 객관적인 개념으로 보니까 신선하게 다가오지 않나요? 나중에 이런 감정이나 상황이 왔을 때 이 특강에서 배운 심리 용어들을 기억해서 좀 더 객관적인 시각으로 현명하게 판단할 수 있었으면 하는 바람입니다.

학업과 관련한 지식도 물론 중요하고 잘 들어야 하지만 이런 내용도 삶에 유익하다고 생각해요. 부인하고 싶어도 이런 감정들은 어쩔 수 없이 생기니까요! 그럼 다들 복습 꼭꼭 하시고 다음에 기회가 되면 다시 뵙도록 해요~! Bye Bye~.

네버랜드 탈출하기
신애경

학기 말, 기숙사에서 짐을 다 빼서 귀가하는 날이었다. 이날은 한 학기 동안 사용한 물품을 모두 빼는 날이라 학부모들이 기숙사에 와서 학생들과 같이 짐을 들고 집에 갔다. 우리 부모님께서도 다른 학부모처럼 집에서 먼 학교까지 오셔서 매번 짐을 같이 옮겨 주셨지만 한 번 그러지 않은 적이 있었다.

"애경아, 집에 올 때 그냥 버스 타고 오면 안되니? 집에서 학교까지 왕복시간이 긴 거 알잖아."

"아, 네…."

"대신 도착하면 전화해~ 정류장으로 데리러 갈게."
삑.

"하…."

난 내 몸이 들어갈 수 있을 만큼 커다란 짐 가방을 두 손에 쥐고 노트북과 책이

들어 있는 백 팩을 등에 메고 버스에 탔다. 부모님께서는 도착하면 전화를 하라고 하셨지만 나는 전화를 걸지 않았다.

매번 차로 나를 데리러 오셨던 부모님을 떠올리며 '이번 한 번만 그런 거니까'라며 스스로를 위로했다. 그러나 위안을 하려고 해도 이번 한 번이 아닌 것을 예상하고 있었다. 나이를 한 살씩 먹을 때마다 부모님께서 해 주시는 일이 점점 줄어들고 있음을 느끼기 때문이다. 더 이상 큰 딸의 모든 일을 도와줄 필요가 없다고 생각하는 부모님의 마음을 이해할 수 없는 건 아니지만 혼자서 해야 하는 일이 하나씩 늘어날 때마다 덩달아 내 마음도 무거워졌다.

정류장에 도착한 후 집까지의 거리는 약 2킬로미터. 평상시엔 걸어서 15분밖에 안 걸리는 거리가 그날따라 무려 50분이나 걸렸다. 비가 와서 그런지 길거리도 더 미끄러웠고 또 평상시보다는 훨씬 많은 양의 짐을 끙끙대면서 끌고 갔기 때문이다. 커다란 등껍질을 멘 채 나만 한 짐 가방을 두 손으로 끌면서 영차영차 길을 걷던 나를 보며 사람들은 무슨 흥미로운 생각을 했을지…. 중간에 짐 가방 위에 올려놓은 종이 가방이 찢어져서 내용물이 흘러내렸을 때는 또 어떤 표정을 지었을지….

거북이걸음으로 한 발짝 한 발짝 걸으면서 문득 서러운 마음이 덮쳤다. '누군가가 도와줬으면….' 하는 마음이 굴뚝같았다. 그러면서도 부모님한테서 계속적으로 걸려오는 전화에 모두 '거부' 버튼을 눌렀다.

'에이 뭐… 나도 할 수 있어. 앞으로는 이런 일을 계속 혼자 해야 할 텐데….'

가끔은 이렇게 복합적인 감정들이 마음속에서 충돌하면서 혼란의 소용돌이를 만들어 낸다. 하지만 우리로 하여금 '멘붕' 상태에 이르게 하는 이러한 복잡한 감정은 사실 청소년기 때 자주 느끼는 아주 정상적인 감정이다. 그래서 심리학자들은 청소년기를 의존성과 자립성이 공존하는 불안정한 시기라고 부른다.

부모의 통제에서 벗어나 자치적으로 행동하고 싶으면서도 상황적으로나 심리적으로 아직 준비가 되지 않았다는 것이다.

'저는 엄마 아빠 도움 필요 없어요.'

라며 스스로 일을 해 낼 수 있을 거라는 자신감이 들지만, 동시에

'내가 정말 혼자 해 낼 수 있을까…'

불안해진다. 막상 부모로부터 완전히 독립하려는 생각을 하니까 어떻게 행동해야 옳은 건지 모르겠고 두렵기 때문이다. 이러한 고민을 통해서 거의 모든 사람들은 자신의 삶을 독립적으로 이끌어 갈 수 있는 멋진 어른이 된다. 하지만 그렇지 못한 경우는 어떨까? 영원히 어린아이와 같이 누군가에게 의존하는 존재가 된다. 흔히 우리들 사이에선 이러한 사람들을 '마마보이' 또는 '마마걸'이라고 부르는데 마마보이가 심화된 상태를 전문가들은 '피터팬 증후군 *Peterpan Syndrom*' 이라고 부른다.

피터팬 증후군은 동화 속 영원한 소년인 피터팬처럼 어른이 되어도 사회에 적응할 수 없고 계속적으로 부모님께 의존하는 '어른아이' 같은 증상을 보이는 남성들에게 해당되는 증후군이다. 의존적인 건 충분히 여성들도 가질 수 있는 특징이지만 여자보다 상대적으로 남자들의 자립을 중요시하는 사회적 분위기가

아직 강력해서 그런지 피터팬 증후군은 일단 남자들에게서 나타나는 의존적인 태도를 가리킨다.

초등학생부터 중학생까지 피터팬 증후군의 증상이 보이는 친구들은 대개 자신의 일을 스스로 하는 것을 좋아하지 않는다. 또한, 겉으로는 밝고 명랑해도 속으로는 자신의 그러한 특성 때문에 불안감을 많이 느낀다고 한다. '쟤는 왜 자기 일을 맨날 남한테 떠맡기지?'라고 누군가에 대해 생각한 적이 있는가? 피터팬의 징조가 보이는 친구다. 이 친구들은 나아가 중고등학생이 되면 부족한 자기 주체성 때문에 다른 사람들의 시선과 유행에 매우 민감한 모습을 보이기도 하고 좀 더 크면 스스로가 남자다움을 인정받고 싶어 하며 모성적인 모습을 가진 여성에게 끌린다고 한다.

'앗, 내 주위에 그런 사람이 있는데?' 느끼는 독자들이 분명 있을 것이다! 내 주위에도 피터팬 증후군의 징조가 보이는 몇몇의 친구들이 있다. 그럼 이 친구들은 왜 그러한 행동을 보이는 걸까? 원래 그래서? 나이 차이가 많이 나는 형이나 누나 밑에서 자라서? 부모의 사랑을 너무 많이 받아서?

앞에서 나열된 피터팬 증후군의 증상을 띠고 있는 친구들을 보면 한 가지 공통점을 찾을 수 있다. 바로 부모와의 관계이다. 전문가들은 이 증후군의 발생 요인에는 부모와의 관계가 큰 몫을 차지한다고 말한다. 어린 시절 부모가 아이의 모든 일을 대신 해 주는 경우, 아이는 커서도 어린 시절에 계속 머무르려고 한다는 것이다. 특히 부모로부터 점차 자립을 해야 할 나이인 사춘기 때도 계속 의존적인 관계를 유지한다면 성인이 된 후에도 자신의 인생을 자율적으로 이끌어 나갈 수 있는 멋진 어른이 될 능력을 키울 수 없다.

흔히 부모들은 자식에게 도움을 주지 않으면 일을 잘 해 내지 못할 거라는 걱정을 많이 한다. 하지만 실제로는 그 반대이다. 우리들로 하여금 주도적으로 삶을 살 수 있는 자유를 주지 않으면 우리는 정말로 영원한 소년 피터팬이 되어 버릴지도 모른다.

나의 부모님께서는 주변 친구들의 부모들보다 비교적 나를 더 독립적으로 키우셨다. 경제적인 문제나 어른을 꼭 필요로 하는 문제가 아닌 이상 나 스스로 문제를 해결하도록 했으니까. 그래서 그런지 나는 비교적 일찍 독립적인 자세를 가지게 되었고 어렸을 때부터 정신적으로 성숙하다는 소리를 많이 들어왔다. 하지만 그렇다고 해서 내가 현재 놓인 상황을 완전히 좋아하는 것은 아니다. 아무 도움 없이 스스로 해 낸 일이 있으면 뿌듯하기도 하지만 가끔은 부모님의 도움을 많이 받는 주변 친구들이 정말 부러울 때도 있기 때문이다.

이렇게 자립성과 의존성의 두 복합적인 특성 때문에 청소년기의 우리는 피터팬의 네버랜드와 자립을 요구하는 현실 세계 사이에서 매우 혼란스러워한다. 어느 한곳에 있어도 소속되지 못한 듯한 불안감을 느낀다. 하지만 현재는 좀 힘들더라도 점점 자립적으로 살아가는 게 결국엔 나를 좀 더 일찍 성장하게 해 준다는 사실을 잘 알고 있다. 다른 피터팬들보다 좀 더 빨리 네버랜드를 빠져 나와 멋진 어른이 된다고 말이다!

우리 모두 성인이 된 이후에도 마마보이, 마마걸이 아닌 멋지고 자치적인 어른이 되기 위해 오늘부터 네버랜드를 탈출하려는 노력을 해 보자.

새로운 사람과의 관계가 어려우신가요?

허빵

발신자를 알 수 없는 문자가 도착했다.

> **새로운 사람과의 관계가 어려우신가요?**
> 3월 14일 6:58 PM

오랜 친구의 전화를 기다리고 있던 나에게 그 정체불명의 문자는 "고객님, 최대 300까지 대출 가능합니다."나 "신나는 게임!! ○○님이 당신을 초대해요." 만큼이나 짜증났다.

새로운 학교, 새로운 학기, 새로운 공간에 적응하는 것은 언제나 어렵다. 주변에 마음이 맞는 사람을 빨리 찾아 좋은 관계를 시작하게 된다면 새로운 여정의 무게가 반으로 줄겠지만 새로운 사람을 사귄다는 건 나에게는 언제나 큰 부담이다. 새 친구들을 찾아 학교를 돌아다닐 수도 있지만, 이미 그 어색한 분위기에 지친 나는 내 방에 혼자 남아 오랜 고향 친구와의 통화로 쌓인 이야기를 풀려고 했다. 그런데 스팸 문자라니, 잔뜩 긴장되어 있던 내 마음에 짜증이 확 치솟았다. 걸려오지 않는 친구의 전화를 기다리다 짜증난 마음을 가라앉히기 위해 밖으로 나갔다.

간식 시간인지 아이들이 하나둘 방 밖으로 나와 급식실로 향하고 있었다. 간식을 기다리는 줄에 서서 나도 기다리다 옆에 있는 친구에게 말을 걸어보기로 했다. 무슨 말부터 걸어야 하나, 갑자기 머리가 빠르게 돌아가고 가슴이 막 뛰기 시작했다.

　"안녕? 너도 1학년이지? 몇 호에 살아? 나는 901호에…."

괜히 물어본 건지, 별로 나에게 관심이 없는 건지, 질문을 던지고 답을 기다리는 그 짧은 순간에 별 생각이 다 든다.

　"어, 안녕? 나는 913호에…."

나이스! 이런 식으로 대화를 이어나가는 거다. 간식을 받고는 식당에 앉아 같이 먹기로 했다. 그런데 무슨 얘기를 하지? 어떻게 다가서지? 아, 친구를 만드는 건 아무래도 내 적성에 안 맞다.

> 본인이 어떻게 죽게 될지 생각해 본 적이 있는지 물어보세요.
> 3월 14일 7:20 PM

아까 그 '발신자 모름'에게서 다시 문자가 왔다. 나를 알고 있는 사람인가? 뭐야, 스토커처럼! 아니, 이 질문을 지금 첫 만남에 하라는 거야? 그렇지만 지금 상황에 이걸 신경 쓸 타이밍이 아니다.

"있잖아… 혹시 나중에 네가 어떻게 죽을 건지 예상해 본 적 있어?"

오, 하나님! 이런 멍청한 질문이 또 있을까? 그 질문을 '친구가 될 수도 있었던' 아이에게 물어보고 말았다. 이제 이 아이와는 끝이다!

"응? 아, 나는 심장마비로 죽지 않을까? 우리 할아버지와 할아버지의 할아버 지도 그러셨거던."

"아, 그래? 너의 할아버지는 어떤 분이셨는데?"

"우리 할아버지는 나의 우상이야. 나의 못난 점까지 모두 좋아해 주셨어. 혼 자 시골에서 고구마 농사를 하시며 사셨는데 나는 우리 동생과 주말마다…."

뭐지? 왜 이 바보 같은 질문이 먹히는 걸까? 바보 같은 질문 덕에 나는 이 친구 의 할아버지와 동생과 가족들에 대해 오랫동안 대화하게 되었다. 더욱이 처음 만난 친구의 할아버지가 어떻게 돌아가셨는지에 대해서도 알게 되었다.

아 쫌. 이런 질문을 누가 한단 말이야. 아놔. 내가 말재주만 좋았어도….

"하루에 거울은 몇 번 봐?"

"그런 바보 같은 질문은 처음 듣는다. ㅋㅋ 셀 수 없이? ㅋㅋ 사실 거울을 볼 때마다 나는 내 얼굴을 쳐다보고 주문을 걸어! 내가 잘 해 낼 수 있다는 사실을 매번 말해 주는 거야."

"뭘 잘 해 낼 수 있는데?"

"레이디 가가도 매일 아침 거울을 보면서 본인이 얼마나 소중한 사람인지 스스로에게 말해 주곤 한대. 나도 거울을 보면서…."

그렇게 레이디 가가와 그 친구가 거울을 보면서 말하는 꿈에 대해, 그리고 나의 미래에 대해 이야기를 하다 훌쩍 30분이 지났다. 그 스팸 문자들에게 고마워해야 하는 건지, 나는 나의 첫 친구를 사귄 것만 같은 예감이 들었다. 각자 기숙사 방으로 돌아가면서 내일 아침, 같이 학교에 가기로 했다.

나의 방에서 들뜬 마음에 기분이 좋아졌는지, 바보 같은 짓을 하나 더 했다. 바로 그 '발신자 모름'에게 문자를 보낸 것이다.

나를 알고 보낸 문자인지, 그냥 수많은 스팸 문자들의 우연인지는 모르겠지만,

새 친구를 이토록 쉽게 만들어 준 이 문자의 정체가 궁금해졌다.

이건 내 질문에 대한 답이 아니었다. 그렇지만 나에게는 별 선택권이 없었다. 한 가지 확실한 건, 이 문자들은 스팸이 아니라 나한테 보내진 문자라는 것이다.

'빠른 친구 프로토콜'을 검색하니, 어느 심리학자가 운영하는 블로그에 '친구 빨리 사귀는 방법'이라는 글이 포스팅되어 있었다. '우정'을 연구하기 위해 심리학자들이 실시한 실험이 소개되어 있었는데, 서로에 대해 아무것도 알지 못하는 낯선 사람들이 45분 만에 깊은 우정을 쌓게 되는 내용이었다.

내가 오늘 그 친구와 나눈 대화도 빠른 친구 프로토콜의 일부인가? 새 친구를 사귀는 데 45분밖에 걸리지 않다니! 새로운 공간, 새로운 관계에 대한 걱정이 확 사라지는 느낌이었다. 순식간에 글을 읽어 내려갔다.

낯선 사람들이 서로에 대한 '상호 친밀감'을 형성하기 위한 방법이 바로 빠른 친구 프로토콜이다. 점점 강도 높은 개인 정보를 서로 공유하면서 짧은 시간 안에 빠르게 깊은 관계를 형성하게 되는 것이다. 빠른 친구 프로토콜을 개발한 스토니브룩대학 심리학과 아서애론 교수는 "천천히, 분위기를 만드는 것이 중요하죠. 너무 많은 정보를 빠른 시간 안에 공개하면 상대가 흥미를 잃게 됩니다."라고 말했다. 바로 '오버쉐어링*Oversharing*'을 주의하라는 것이다.

연구에서는 서로 다른 인종, 서로를 불신하는 사람들에게 이 기술을 사용해서 친밀감을 싹트게 했다. 블로그에는 빠른 친구 프로토콜에서 사용한 36가지 질문도 적혀 있었다. 36가지 질문들은 3가지 단계로 나누어져 있다. 그 순서에 따라 질문하다 보면 빠르게 친밀감을 쌓을 수 있는 것이다. 첫 번째 12가지 질문은 약간 개인적인 질문들을 물어보며 두 번째, 세 번째로 갈수록 더욱더 개인적인 질문들로 옮겨 간다.

첫 번째 세트 (시작)	두 번째 세트	세 번째 세트 (매우 개인적)
이 세상에서 아무나 한 명을 저녁식사에 초대할 수 있다면, 누굴?	만약, 엄청나게 끔찍한 악몽을 꾸는 대신 돈을 받을 수 있다면 그렇게 할래?	가족 중 누가 죽으면 가장 슬픈가?
전화하기 전에 전화 내용을 연습해 본 적이 있어?	너의 아이에게 물려주고 싶은 너의 외모나 성격은?	마지막으로 다른 사람 앞에서 울었던 적은?
마지막으로 누군가에게 노래해 본 적은 언제?	다른 사람들이 너에게 없는 특징으로 인해 너를 좋아한다면?	
너에게 '완벽한' 날이란?	하루에 거울은 몇 번 보니?	
나와 공통점 3가지에 대해	너보다 나이가 많거나 어리지만 베프 *best friend* 인 사람은?	

질문들을 쭉 읽으면서, 어떤 질문을 언제 해 볼지 마음속으로 상상을 펼쳤다. '잉? 무슨 그런 질문이 다 있어~.'라는 표정을 짓겠지만 곧 엉뚱한 질문들에 대한 답을 통해 서로의 숨겨진 점들을 더 잘 알게 될 것이다. 너무 과하지도, 또 너무 섭섭하지도 않게 다른 사람에게 나에 대해 알려 주고, 그 사람에 대해 알 수 있는 것. 그것이 바로 빠른 친구 프로토콜의 비법이다. 음하하! 친구 사귀기,

자 이제 만나는 사람마다 모두 내 친구로 만들 수 있을 뻴이다. 기분이 좋아서
평소 읽기만 했던 블로그 글에 감사의 댓글까지 달았다.

참고
http://www.isegoria.net/2013/02/fast-friends-protocol/

In Between

정수경

학생들은 학교와 가정을 오가며 사회의 축소판인 학교를 경험한다. 가정이라는 울타리 속의 어린이가 자신과 다른 환경에서 자라온 수많은 사람들을 만나면서 겪는 '작은 사회'는 성인이 되지 않은 청소년들에게 사회에 나갈 발판을 마련해 준다. 작은 사회는 사춘기 청소년들이 한 번쯤 겪어야 할 과정이다.

청소년들은 새로운 변화를 겪으면서 본격적으로 성격 형성을 시작하고 주변의 부모님, 친구들, 선생님들을 통해 앞으로 겪게 될 사회의 모습을 경험한다. 여러 면에서 아직 미성숙한 청소년들은 때때로 벽에 부딪히곤 한다. 그 중 부모님과 친구들과의 관계에서 겪는 수많은 어려움이 있다. 내 또래 친구들과 마음속 깊이 있는 이야기들을 하게 되면 보통 부모님과의 잦은 의견 충돌, 친구들과의 관계 문제 등이 주된 주제가 된다.

많은 친구들은 이런 문제가 나중에 돌이켜 보면 아무것도 아니었다고 웃으면서 이야기한다. 그러나 아직까지는 미성숙한 우리의 감정이 다른 사람들에게 상처를 주기도 하고 때론 그들을 매우 힘들게 한다는 점에서 우리는 이 관계라는 주제에 대히어 깊이 생가해 봐야 한다.

한 예로, 어떤 학생이 있다.

저는
수목드라마를 보지도,
카톡이나 소셜 네트워킹 사이트를 잘 이용하지도,
수학 학원을 다니지도,
웹툰을 보지도,
개그콘서트를 즐기지도 않아요.

대신
언더그라운드 힙합 음악을 듣고,
작가가 되고 싶어 하고,
프랑스어를 좋아하고,
절대적으로 유머가 없는,
지극히 평범한 사람이에요.

그런지 저에게는 친구가 별로 없어요.
저와 '통하는' 친구가 없어서 그런 걸까요?

예시의 학생은 다른 친구들과 눈에 띄는 다른 관심사를 가지고 있다. 그렇다고 친구 사귀는 데 큰 문제가 되는 것인가? 하고 의문을 가질 이도 많겠으나 사실 관심사는 사람과 사람의 관계 속에 알게 모르게 크게 영향을 끼치는 것으로 나타났다.

사람들은 '겉 맞추기 원리'에 의하여 자신과 비슷한 사람을 좋아한다고 한다. 사람들은 유사한 가치관, 인종, 연령, 종교, 교육 수준, 사회 내 지위 같은 부분에서 유사성을 가진 사람들에 대해 호감을 느낀다. 이는 연애나 결혼에서도 나타난다. 사람들이 자신과 비슷한 조건을 가진 사람들을 찾기 위해 결혼정보업체를 이용하거나 비슷한 사람들을 찾아 관계를 이어나가는 것이다.

물론 관심사도 같지 않고 전혀 어울릴 것 같지 않은 사람들이 사랑하거나 깊은 우정을 나누는 경우도 있지만 대부분 사람들은 사회의 눈을 의식하여 또는 무의식적으로 자신과 같은 성향과 성질을 지닌 사람에게 호감을 표현한다. 특히 이성보다 감성에 충만한 청소년 시기에는 같은 또래의 집단을 의식해 자신과 비슷한 취미나 성격을 가지고 공감대를 형성한 사람들과 어울린다. 청소년들은 '자율성'을 얻고 싶어 하고 그에 걸맞은 자신들만의 문화를 형성한다. 이는 그들이 자신들만의 문화에서 공감대를 형성하고, '청소년'들만의 주체성을 구축하게 되면서 마침내, '끼리끼리' 어울리게 되는 겹 맞추기 현상이 청소년들의 세계에서 나타나는 것이다.

그러나 관심사가 다르다는 것은 서로가 생각해 보지 못한 색다른 조언과 대화를 이끌어 나갈 수 있는 원동력이 되기도 한다. 관심사가 다름으로 인해 자신이 알지 못했던 부분을 새롭게 배워 갈 수 있다는 것은 서로의 성격 그리고 자라온 환경이 다르다는 점에서 굉장히 많은 장점이 있다.

인종과 성별을 뛰어넘어 친구가 되는 이유는 모두 자신과의 다름에 매력을 느끼기 때문이다. 실화를 바탕으로 한 영화 〈언터처블*Untouchable*〉에서는 상위 1퍼센트의 전신마비 백만장자와 하위 1퍼센트의 가난뱅이 백수의 우정을 다룬다. 정말 특이하게도 그들은 서로 있는 그대로의 모습을 아껴 준다. 소심한 백만장지와 가진 것은 '깡' 밖에 없는 백수의 만남이란 처음부터 수월하진 않았다.

자라온 환경부터 사회적 위치까지 상반되는 드리스와 필립은 처음에는 물과 불 같은 존재였다. 그러나 필립에게 고용된 드리스는 그의 성격을 바꿔 가며 그의 옆에서 일하기보단 그의 존재 자체를 필립에게 이해시키고 필립의 소심한 성격도 이해해 간다. 너무나도 다른 서로의 중립점을 찾기보다 서로가 가진 다른 점에서 매력을 느끼고 도움을 받은 것이다. 의식의 흐름대로 살아오던 드리스는 필립에게서 섬세함과 이성을 찾아냈고 소심했던 필립은 드리스에게서 긍정적 마인드와 웃음을 찾는 방법을 배우게 되었다. 이렇게 서로의 지극히 다른 모습을 알아보게 되는 순간에 다다르자 이들은 서로 부족한 점까지도 자신이 채워 줄 수 있는 진정한 이웃의 모습을 보였다. 서로를 위해 많은 노력을 시도했지만 패기 넘치고 항상 즐거웠던 백수의 캐릭터는 영화의 마지막까지 그대로 존재했다.

자신이 주변 사람들을 위해 조금은 색다르게 변신하는 것도 좋지만 있는 그대로, 색다르지 않더라도 자신의 모습에서 조금은 앞으로 나와 자신의 주변 사람들과 새로운 경험을 하는 것도 인생의 재미있는 부분이 아닐까. 부모님과의 관계에서도 억지로 공감대를 형성하려고 애쓰기보단 자신의 의견과 부모님의 의견을 각각 인정하고 보는 것, 그리고 친구들과의 관계에 있어서 자신이 관심이 없는 이야기를 듣고 공감하려고 노력하는 것보다 서로의 관심사를 존중해 주는 것이야말로 진정한 관계를 형성하는 원천이 된다. 지금의 '작은 사회'에서 충분히 시도해 보고 아주 멀지만은 않은 미래로 전진한다면 앞으로의 생활이 조금 더 행복해지지 않을까?

참고
http://hickshan.tistory.com/entry/경영심리

4

새벽 2시, 너도 이 기분 알잖아?

고고학자가 되고 싶었던 소녀 신애경

비교 심리 분석 X-file 김가현

오늘 하루 '멘붕'이라는 단어를 몇 번이나 썼을까? 허정현

시시콜콜하지만 중요한 이야기: 삶의 패러다임 정수경

고고학자가 되고 싶었던 소녀

신애경

꿈을 꾸다

소녀는 침대 위에 엎드려서 한 손에는 스티븐 버트먼의 ≪낭만과 모험의 고고학 여행≫을, 다른 한 손에는 검정색 잉크 펜을 쥐고 열심히 무언가를 쓰고 있었다. 그 소녀는 이 세상 누가 건드려도 신경 쓰지 않겠다는 분위기를 폴폴 풍기며 페이지 여백에 '공감', '오늘 깨달은 새로운 사실', '!!!' 등을 써 내려갔다.

소녀는 책 속 여기저기에 별표를 그리기도 하였으며 한동안은 자기만의 생각에 빠진 듯 초점 잃은 눈으로 먼 곳을 바라보며 독서를 멈추기도 했다. 평소에도 이런 모습을 자주 보았던 터라 가족은 크게 걱정하지 않았다. 하지만 사실 이때 소녀는 꿈을 꾸고 있었다. 고고학자로서 자신의 모습을 상상하고 있었던 것이다.

이집트 사막 한가운데서 그를 향해서 내리쬐는 뜨거운 햇빛과 눈 속으로 계속 침입하는 모래알들… 그리고 그 열악한 환경 속에서 재발견한 역사!

혼자 황홀함 속에 빠져 있다가 정신을 차리고 현실로 돌아오면 소녀 앞에는 이집트의 금빛 유물이 아닌 수학 학원 숙제가 기다리고 있었다. 허겁지겁 학원 숙제를 하고 집을 나서면 숙제를 완성하진 못했지만 왠지 모르게 기분이 좋았다. 소녀는 매번 학원으로 향하는 발걸음이 가벼웠다.

이렇게 소녀는 매일 꿈과 현실 사이를 왔다 갔다 하면서 살았다.
그러던 어느 날, 소녀는 현실과 마주쳤다.

깨어나다

나는 왜 고고학자가 되고 싶은 걸까?

소녀는 갑자기 떠오른 의문에 머릿속이 혼란스러워졌다. 이 질문에 어떻게 대답해야 할지 몰랐던 것이다.

새로운 역사의 발견?
그리고 그에 따른 부와 명예?
아님 발굴 및 연구 과정에서 느끼는 열정?
일반적인 직업과 다르다는 자부심?

그때 소녀는 깨달았다. 그동안 자신의 꿈에 대한 동기를 한 번도 진지하게 생각해 본 적이 없었다는 것을…. 그는 모든 일을 하는 데에는 특정한 이유가 있어야 한다는 것을 알고 있었다. 하지만 아무리 생각해 봐도 고고학자가 되고 싶은 궁극적인 이유에 도달할 수 없었다.

사람들이 어떠한 일을 하는 데에는 두 가지 동기로 나뉜다. 외적 동기 *Extrinsic Motivation*와 내적 동기*Intrinsic Motivation*. 외적 동기는 자신이 하는 행동이 불러오는 보상을 목적으로 하는 동기이다. 만일 성공을 하고 싶은 이유가 그에 따른 부와 명예라면 바로 외적 동기이다. 나의 주변을 잘 관찰해 보니 우리 삶 속에는 외적 동기가 주로 작동하고 있었다.

학교 친구들 중에는 "나 이번 시험 잘 보면 엄마가 폰 바꿔 준다고 했다!" 아니면 "이번 시험 성적 10점 올려서 꼭 20만원 받을 거야~!!" 라는 말을 매번 하는 친구들이 있다. 물론 그 중에는 돈을 받지 않더라도 원래 열심히 공부하는 아이도 있지만 부모님으로부터 돈을 받을 목적으로만 공부하는 아이도 적지 않다.

사람들은 흔히 무슨 일이든지 이득이 있어야 열심히 할 거라는 생각을 가지고 있기 때문에 상금을 이용한 방법을 많이 사용한다. 하지만 이렇게 외적 동기만을 부여한다면 우리들은 결과에 따른 보상이 없어졌을 때 더 이상 노력을 하지 않게 된다. 오직 용돈을 받기 위해서 공부하는 아이들의 목표는 좋은 점수가 아닌 그에 따른 용돈이기 때문이다.

하지만 원래 공부를 열심히 하는 아이들은 학습 과정 중 얻는 만족감과 뿌듯함 자체가 보상이므로 용돈은 그들의 학습에 아무런 영향력을 미치지 않는다.(물론 용돈을 받으면 기분은 더 좋아지겠지만. ㅎ) 이처럼 활동 자체가 보상이 되는 것은 내적 동기를 가진 경우이다. 개인의 성장을 위해서 노력하는 이상적인 자세이다. 이렇게 내적 동기를 가진 채 일을 하면 훨씬 행복하고 노력을 지속하는 시간도 훨씬 오래간다.

그러나 위에서 말한 소녀는 고고학자가 되고 싶은 내적인 이유를 찾지 못하고 있다. 혹시나 언젠가 맞이할 영광의 날에 대한 막연한 기대감 때문에 고고학자가 되고 싶기 때문이다.

그렇다.
소녀는 꿈'만' 꾸고 있었다.
갑작스럽게 꿈의 헛됨을 깨달아서 그런지,
깨어난 후 소녀 앞의 현실은 너무나도 쓰디썼다.

이상과 현실 사이에서

어느 정도 눈치를 챘겠지만 위에서 말한 소녀는 바로 나 자신이다. 나는 중학교 시절 2년 정도 고고학자라는 비현실적인 꿈을 꾸었다. *(여기서 고고학자라는 직업이 비현실적이라는 게 아니라 나 자신이 아무 합당한 이유 없이 비현실적인 꿈을 꾸었다는 것이다.)* 내가 진정으로 원하는 게 뭔지, 내 특성에 맞는 분야가 어딘지도 모르면서 철없이 꿈만 열심히 꾸었다. 나는 이런 나의 어리석은 모습을 깨닫고 나서 한동안 방황을 하기도 했지만 방황하는 도중 내가 어떤 사람인지 좀 더 알게 되었다.

꿈을 가질 때는 그 꿈의 외부적인 면보다는 내부적인 면을 더 많이 고려해야 한다는 것. 이를 깨닫고 나서 나는 거의 매일 자아성찰의 시간을 가지면서 나 자신이 원하는 것, 관심 있는 것이 무엇인지에 대한 생각을 곰곰이 해 보았다. 그 결과 나는 그동안 내가 왜 그렇게 다양한 꿈을 꾸었는지 알게 되었다. 내가 고고학자가 되고 싶어 했던 이유도 말이다.

나는 사실 고고학의 실질적인 업무보다는 고대 역사 속 이야기에 흥미를 느껴왔다. 다양한 전설과 그에 관련된 역사적 사실을 비교하며 각 이야기 속에 존재하는 공통적인 인간의 감정과 심리를 분석하는 걸 즐겼다. 이런 나의 중학생 때의 모습을 지금 떠올려 보면 확실히 고고학 자체에 대한 관심보다는 여러 역사적 장면으로부터 인간의 심리를 탐구하는 걸 좋아했던 것이다!

이런 식으로 내가 가진 꿈에 대한 이유를 하나씩 생각해 보니 '나'라는 사람에 대해서 좀 더 알게 되었다. 그리고 그를 통해 진정한 내적 이유를 가지고 꿈을 찾아 나갈 수 있었다. 내가 좋아했던 철학 책, 심리 수사 드라마, 즐겨 읽던 신문 기사 종류, 주변 사람들과의 관계, 가지고 싶었던 직업 등 나의 크고 작은 모든 면모들은 심리학과 연결되어 있었고, 나는 이 점을 깨달은 이후 대학교에서 심리학을 공부해 보고 싶은 생각이 들었다.

심리학을 바탕으로 어떤 직업을 가질지는 아직 모르겠지만 현재 나는 내 관심 분야를 찾았다는 사실만으로도 만족한다. 심리학이라는 이상과 현실은 내 멘탈Mental의 무게 중심이 되었다. 나에게 적합한 길을 찾게 돼서 그런지 목표의식도 생기고 옛날보다 더 정신적으로 강인해졌다. 혹시라도 이 글을 읽는 누군가 아직 자신이 공부해 보고 싶은 분야를 못 찾았다면 그동안 자신이 좋아한 분야의 연결점을 찾아보라고 말해 주고 싶다. 그 연결점이 바로 미래를 전개해 나갈 수 있는 시작점이자 정신적 안정점이 될 테니까! ^___^

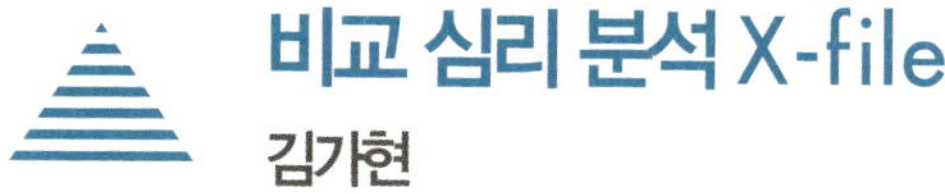

비교 심리 분석 X-file

김기현

CHAPTER 1 시나리오 살펴보기

SCENE #1

까무잡잡한 얼굴에 부스스한 머리, 답답한 안경을 쓰고 칙칙한 티셔츠를 입은 한 여학생이 학교 사물함을 열고 두꺼운 교과서를 힘들게 나른다. 그 뒤로 금발의 블링블링한 아가씨인지 학생인지 모를 쭉쭉빵빵 여학생들이 복도의 모든 시선을 사로잡으며 걷는다. 그 여학생은 한숨을 쉰다. '아, 나도 저 무리 중 한 명이 되었으면….' 하는 표정이다. 그리고 몇 명의 남학생이 그 여학생을 모르고 툭 치고 간다. 교과서가 팔에서 쏟아져 내린다. 한숨을 쉬는 여학생을 카메라가 클로즈 업 하고 그때 내레이션이 흘러나온다.

　"그래, 내 삶은 구리다."

SCENE #2

부스스한 머리의 여학생은 단단히 결심하고 머리부터 발끝까지 최신 스타일로 무장하고 학교에 온다. 여학생은 꿈만 같다는 듯 복도의 시선을 받으며 우월감에 빠진다. '훗' 하며 이제 자신도 '간지녀'가 된 기분에 날아갈 것만 같다. 세상을 다 얻은 듯한 노래가 배경음악으로 깔린다. 저기 잘나가는 여자애들이 걸어 오는데 자신이 그들과 비슷하다는 사실에 미친 듯이 기쁘다. 다른 아이들은 이제 내 밑의 클래스라는 느낌이 든다. 복도에 있는 남자들의 시선이 느껴진다. 윙크 한방 날려 준다. 뿅!

SCENE #3

새로운 쭉쭉빵빵 친구들과 나름 친해져서 함께 네일숍에서 관리를 받고 있는데 창문 저 너머로 예전 범생이 친구들이 보인다. 뚱뚱하고 보잘것없어 보이는 저 모습이 딱해 보인다. 카메라 포커스가 거울 밖의 친구들에서 거울에 비친 여학생의 현재 모습으로 옮겨 가고, 여학생은 자신의 현재 모습과 거울 밖의 친구들을 비교하며 우쭐한 기분이 든다. 왜 잘나가는 애들이 저런 애들을 깔보는지 좀 이해가 될 것 같다는 생각을 하며 거만하게 한쪽 다리를 꼰다.

물론 뒷부분이 생략되었지만 이것만으로도 왠지 익숙한 시나리오 아닌가? 전형적인 하이틴 영화나 드라마의 줄거리에 나오는 시나리오이다. 이번에는 이 시나리오를 바탕으로 우리 심리를 알아보고자 한다. 그럼 SCENE #1부터 시작해 보자!

CHAPTER 2 시나리오 분석하기

SCENE #1

이 장면에서 주인공은 자신과 잘나가는 한 무리의 여자아이들을 비교하며 슬퍼하고 있다. 사실 아무도 주인공에게 "네 삶이 더 구려." 라고 말하지는 않지만, 잘나가는 아이들을 보며 자기 처지를 한탄하고 있다. 만약 그 학교의 모든 사람들이 주인공 같은 상황이었다면 주인공은 자신의 삶이 구리다는 생각을 할 기준이 없으니 훨씬 만족도가 높았을 것이다. 이렇게 우리는 항상 자신의 상황을 다른 사람과 비교해서 평가를 내리려는 기본 성향이 있는데 이는 심리학자 페스팅거가 실제로 사회비교이론에서 정립한 내용이다. 시험이 끝나고 종이 치자마자 삼삼오오 모여서 답을 확인해 보는 게 내 답을 채점할 완벽한 답안지가 없기 때문인 것처럼 말이다.

SCENE #2

이 장면에서 주인공은 자기가 잘나가는 아이들과 얼마나 비슷해졌는지 실감하며 우월감을 느낀다. 이처럼 나보다 더 잘난 사람, 우월한 사람을 자신과 비교하면서 의식적이든 무의식적이든 자신을 실제보다 더 우월하게 평가하는 심리를 상향적 사회비교*Upward Social Comparison*라 한다. 자신이 선망했던 어떤 무리에 속해 있다는 이유만으로 우쭐해진 적이 있다면 이 상향 비교 심리를 경험했다고 할 수 있다. 자신과 그 그룹간의 비슷한 점을 보고 자신을 "오호, 그래 나는 이런 사람이야." 하고 높게 평가하게 된 거라 볼 수 있기 때문이다.

이 심리는 그 비교 대상과 비슷하게 되기 위해 노력하게 만든다는 장점도 있지만, 너무 비현실적인 비교를 하게 된다는 큰 단점이 있다. 겉모습을 금발 아이들과 비슷하게 만들었다고 해서 자신이 갑자기 진정으로 인기 있는 사람이 된다거나, 그 무리에 속해 있다고 할 수 없는데도 주인공은 꼭 그런 것처럼 착각하기 때문이다. 또한 상향 비교는 흔히 스스로를 엘리트 집단이나 혹은 더 우월한 집단의 일원으로 생각하고자 하는 욕구에서 비롯되므로, 다른 집단에 대해 배타적인 태도를 가질 수 있다. 주인공이 "다른 아이들은 이제 내 밑의 클래스라는 느낌이 든다." 라며 무시하게 된 것도 같은 맥락이다.

SCENE #3

이 장면에서 주인공은 예전 친구들을 보며 자신의 현재 상태에 대해 만족감을 얻고, 자신의 건방진 태도에 대해 "당연한 거야." 하면서 합리화하기 시작한다. 자신보다 일명 '찌질한' 사람들을 보면서 자신이 괜찮은 사람이라고 느끼는 심리를 하향적 사회비교*Downward Social Comparison*라고 한다. 친구가 시험 망쳤다고 했을 때 "야, 나는 너보다 훨씬 많이 틀렸어. 괜찮아. 너 정도면 잘 본 거지~ 날 봐." 하면서 위로를 한다면 그건 그 친구의 하향 비교 심리를 건드리는 것이다.

이 심리는 이렇게 일종의 '위로'가 될 수 있다. 실제로, 많은 연구에 따르면 환자들이나 스트레스가 심한 사람들 위주로 하향 비교가 이루어진다. 예를 들어 유방암 환자들을 대상으로 한 연구에서는, 대다수의 환자들이 자기보다 더 상황이 좋지 않은 사람들과 스스로를 비교하며 자신의 아픔에 대처한다고 밝혀졌다. 하지만 한편으론 비교를 통해서 자기 합리화 시키는 단점이 있다. 주인공이 진정으로 자신의 행동에 대해 생각해 보기보다는, 지질해 보이는 예전 친구들을 보면서 자신의 바뀐 태도에 대해 근거 없는 합리화를 한 것처럼 말이다.

CHAPTER 3 실생활에 응용하기

이러한 비교 심리는 실생활에서도 쉽게 볼 수 있다. 나도 예외는 아니다. 밝히기 조금 부끄럽지만, 솔직히 말하면 용인외고에 입학하고 몇 달 안 되어서 용인외고 친구들과 모교 중학교를 방문했을 때 하향 비교 심리를 많이 느꼈다. 우리 학교 교복은 모양새가 특이해서 보통 교복 사이에서 딱 눈에 띈다. 그 교복을 쫙 빼입고 3명이 중학교를 방문했을 때, 머리부터 발끝까지 회색, 흰색인 정말 지극히 평범한 교복을 입은 후배들 앞에서 예전과 달리 우쭐함을 느꼈다.

상향 비교 심리는 1학년 때 한 워크숍에서 느껴본 기억이 있다. 선배의 도움으로 유일하게 고등학생 신분으로 참여한 나와 몇 명의 친구들은 기업가들과 대학생들 사이를 기웃기웃 거리면서 신나게 디너파티까지 참가했었다. 국립중앙박물관(*본관 내부는 아니었지만!*)에서 멋지게 차려 입은 사람들이 각기 한 손에는 술을 들고 서서 수다를 떨며 파티를 즐기고 있었다. 건너편에서는 디너가 준비되고 있었고 바에는 바텐더들이 주문을 받고 있었다. 내가 그 속에 있었다! 나는 비록 술 대신 탄산음료를 들고 돌아다녔지만 왠지 나도 잘나가는 어른이 된 듯한 기분에 흡족해졌다. 학력, 경력 면에서 화려한 사람들과 함께 이야기하면서 그 장소에 있다 보니, 나도 사회적으로 비슷한 사람이 된 듯한 심리를 가졌던 듯하다.

다시 한 번 내 경험을 돌아보면서 느낀 것이지만, 우리는 어쩔 수 없이 계속 비교하는 존재이고, 이건 우리 의지대로 완전히 멈출 수도 없다. 대신, 이런 심리를 이해함으로써 적어도 "아, 내가 괜히 우쭐해 하고 있구나." 하면서 경계도 하고, 자신의 그런 심리에 대해 너무 자책하지 않을 수도 있다.

내 친한 친구 한 명은 자신이 일반 고등학교 아이들을 만날 때마다 조금씩 무의식적으로 우월감을 느끼는 것에 대해서 상당히 자책하고 스트레스 받아 했다. 만약 그 친구가 그런 심리가 자신만의 문제가 아니라 공통적인 현상이라는 것을 안다면 스트레스 받기보다는 인정하고 개선하려는 건설적인 태도를 가질 수 있을 것이다. 나중에 한 번 그 친구한테 상향 비교와 하향 비교에 대해 설명해 줘야겠다. 이 X-file의 고찰이 많은 사람에게 도움이 되었으면 하는 바람이다.

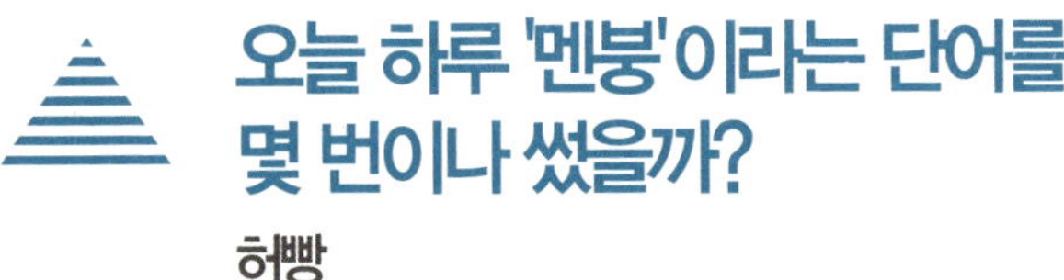

오늘 하루 '멘붕'이라는 단어를 몇 번이나 썼을까?

허빵

> **멘붕** 멘탈붕괴 **신조어 사전**
>
> 멘붕은 '멘탈Mental붕괴'를 줄인 말로, 정신이 무너질 정도로 충격을 받은 상태를 일컫는 대한민국의 신조어다. 게임, 커뮤니티, 실생활 등 온/오프라인에서 두루 쓰이고 있으며, 당혹스럽거나 창피한 일을 당했을 때, 또 그런 상황을 받아들이지 못하고 정신이 나간 듯한 표정이나 행동을 하고 있을 때 "멘탈이 붕괴되었다." 라고 표현한다.

'멘붕'이라는 단어가 생기기 전에는 사람들은 어떤 단어를 썼을까?

수행평가 보고서를 다 작성한 뒤 '변경사항을 저장하시겠습니까?' 라는 질문에 자신 있게 '아니오!'를 클릭해 버렸을 때, 남자친구에게 보내는 문자를 아빠에게 잘못 전송했을 때, 기말고사가 일주일 후임을 깨달았을 때, 이럴 때 멘붕이라는 단어가 아니고서는 어떻게 그 상황을 설명할 수 있을까! 멘붕이라는 단어가 없던 시절, 사람들은 이런 상황을 어떻게 표현했을까? 내가 살고 있는 이 시기에 멘붕이라는 단어가 없으면 내가 일주일에 한 번 이상 겪는 이 상황들을 표현할 다른 단어를 달리 찾을 수 없는데 말이다.

'힐링'이라는 단어가 생기기 전에는 사람들은 어떤 단어를 썼을까?

수많은 인재들 속에 나라는 존재가 너무나도 작고 보잘것없음을 깨달았을 때, 문득 내 삶을 돌아보고 내 삶의 목표를 잃었을 때, 소중한 사람을 떠나보낼 때, 내가 너무 지쳤음을 깨달았을 때, "힐링이 필요해!"라고 외치지 않고서 어떻게 이런 내 심정을 표현할까!

멘붕이다! 아, 나 스스로도 내가 왜 이런지 모르겠다. 내가 왜 우울한지 모르겠고, 나 스스로도 왜 나를 감당 못하는지 모르겠다. 나에게 견디기 어려운 멘붕이 찾아온 순간은 지난겨울. 매일 아침 눈을 떴을 때 '오늘 하루 잘 해 보자!' 라는 마음 대신 '아, 오늘은 또 어떻게 견딜까.' 하는 생각이 먼저 들었다. 학교에서 모두들 자신의 진로와 성적을 위해 열심히 달려가고 있을 때 나는 단지 내가 절망감에 빠지지 않고 긍정적인 상태로 버틸 수 있도록 집중해야 했다. '어떻게 하면 이 고통의 수레바퀴에서 벗어날 수 있을까?' 그때 문득, 학교에 있는지도 몰랐던 상담실을 지나치게 됐다. 달리 무슨 선택을 하겠는가. 나는 상담실의 문을 두드렸다. 그리고 생각보다 많은 것들이 변했다.

똑똑. "계세요?" 책상으로 가득 찬 차가운 교실과는 다른 이 곳. 나란히 마주 볼 수 있는 소파와 쿠션, 그리고 탁자 위에 놓인 따뜻한 차와 과자들이 보인다. "잘

왔어요."라며 반기시는 상담 선생님. 나에게 먼저 많은 말을 하지도, 많은 질문을 던지지도 않으셨다. 그러나 나는 마치 나의 이야기를 쏟아 낼 사람이 필요했다는 듯, 생전 처음 보는 그분 앞에서 나의 사사로운 감정들까지 토해 냈다. 나의 현재 상황, 하루 패턴, 예전과 다른 점, 나의 머릿속에 있는 모든 불안한 감정들, 그 감정들의 원인으로 추정되는 사건들…. 객관적 사실이든 나의 감정에 의해 왜곡된 기억이든, 선생님 앞에서 하나하나씩 꺼내 놓음으로써 나 스스로도 문제의 원인을 찾아내 기억을 되짚어 갈 수 있었다. 무거웠던 머리가, 복잡했던 감정이 정리가 되고 있었다.

혹시, 자신의 상처를 털어놓는 것이 자존심 상하는 일이라 여기지는 않는가? 자신의 감정을 가슴 깊이 꾹꾹 눌러 놓고 있지는 않는가? 그로 인해 더 상처가 깊어지고 있는 것은 아닐까? 나에게 힐링은 나의 문제를 함께 생각해 주는 사람이 있다는 것이었고, 다시 말하면 상담이었다. 그런데 우리나라는 아직 '상담'이라는 문화에 거부감이 크다. 내가 부모님께 상담을 받고 싶다고 말했을 때 "그건 좀 더 생각해 보자."라고 답하셨고, 내가 학교생활을 어려워하는 동생의 부모님께 "심리 상담을 통해 대화를 하다 보면 이 친구의 현재 마음에 대해 이해할 수 있을지도 몰라요."라고 권유했을 때 "상담? 주변 사람들의 시선이 있어서…."라며 머뭇거리셨다. 어떤 분은 "내가 정신병이라도 걸렸다는 건가?"라며 매우 불쾌한 반응을 보였다. '하, 거참. 그런 반응을 보이는 것 자체가 상담이 필요하다는 거라네.' 라고 말하고 싶은 마음이 굴뚝같았다.

우리 모두 다 자신에 대해 완벽하게 이해하지 못한다. 그렇기 때문에 나에 대해 이해하고 앞으로 어떤 결정을 내릴지 알기 위해 전문가의 도움을 받는 것이다. 우리가 법적 소송에 휘말렸다고 치자. 그 소송의 배경과 앞으로의 해결책을 찾기 위해 변호사를 찾아가 자문을 얻는다면, 여기서 잘못된 점이 있는가? 우리가 체력을 기르고 몸매를 만들기 위해 전문 트레이너를 만난다면, 이상한 점이 있는가? 정답은 '아무것도.' 상담 역시 내가 잘 모르는 분야의 전문가를 통해 '나'를 알고자 하는 것뿐이다. 변호사와 트레이너의 도움을 받는 것과 별반 다르지 않다.

심리치료는 상담자와 내담자가 심리적 고통을 나누고 문제를 공유하고 자아를 성장시키는 과정이다. 우리가 상담사를 통해 마음을 정리하는 시간을 가질 수 있다면 좋겠지만, 상담센터로 가는 발걸음이 쉽게 떨어지지 않는다면 자기 스스로와 또는 주변 사람들과의 간단한 상담을 먼저 해 보는 게 어떨까? 바로 자가 상담과 또래 상담*Peer Counseling*이다. 지금도 멘붕을 끌어안고 혼자 괴로워하고 있는가? 자, 혼자여도 좋다. 옆 사람과 함께여도 좋다. 당신이 멘붕을 털어놓을 의지만 있다면 힐링은, 심리치료 상담은 언제든 할 수 있다. 그렇다면, 스스로 멘붕을 날려 버릴 수 있다는 '자가 상담'에 대해 알아볼까? 일단, 본인에게 물어보자. '난 왜 괴로울까?' 아, 왜 괴로운지도 알고 있다? 그렇다면, 어떻게 해결하는지도 알고 있는가? 아, 원인도 해결 방법도 알고 있지만 풀지 못하고 있는 어려움이라…! 그렇다면, '해결 중심의 단기 치료 방법'을 실행해 보자. 해결 중심 단기 치료 중 한 가지는 '기적에 관한 질문'이다. 알라딘의 요술램프가 나에게 주어진다면, 나는 지미에게 무엇을 바라겠는지 자문해 보자. 이 질문을 통해 본인에게 놓인 문제와 이루고 싶은 소망을 다시 한 번 생각해 볼 수 있다.

아, 당신은 무엇 때문에 힘든지조차 알 수 없는가? 그렇다면 혹시 당신은 주변 사람들로부터 "신세 한탄 좀 그만 해!"라든가, "네가 그렇게 말하면 난 뭐냐?"와 같은 핀잔을 종종 듣지 않는가? 본인 스스로는 충분히 힘든데 주변 사람들은 자신의 어려움을 너무 과소평가하는 느낌이 든다든지 말이다.
빙고? 자, 이제 "내 인생은 최악이야~."라는 말 대신 "최선을 다하면 좋은 결과가 따라오는 것은 당연지사~." 와 같이 본인의 긴장을 풀어 줄 수 있는 생각들을 매일 아침 눈을 뜨면 큰 소리로 자신에게 외쳐 보자.

이렇게 해서 본인의 마음이 진정되었다면 주위를 한번 둘러보자. 생활에 지쳐 있는 엄마의 모습, 외로운 감정을 이성으로 잠재우려는 룸메이트, "재미없어~." 라며 컴퓨터만 들여다보는 동생, 생각보다 우리 주변에는 고민을 안고 사는 사람들이 많다. 상담은 비단 나에게만 필요한 것이 아니다. 나의 주변에서 힐링을 찾고 있는 친구들의 고민을 해결해 주는 데에도 상담은 활용될 수 있다. 이 중 한 가지가 '또래 상담'. 전문 상담은 아니지만 두 사람 이상이 함께한다면 또래 상담은 서로에게 힘이 될 수 있는 시간이 된다. 용인외고에서도 밤마다 친구들이 모여 스스로 상담자와 내담자가 되어 보는 시간을 갖고 있다.
또래 상담에서는 학생들이 상담자와 내담자의 역할을 해 보면서 내담자의 심리를 이해하고 고민을 해결해 주는 연습을 한다. 그 중 한 가지 활동은 'Acting Out'이다. 한 가지 상황을 설정한 후, 그 상황에 놓여 있는 친구의 고민을 어떻게 들어 줄지 연습한다. 나중에 실제로 그런 상황에 닥쳤을 때 그 상담법을 활용하는 것이다.

두 번째 활동은, '모의 상담'으로 두 명씩 짝지어 현재 상황에 대해 서로 상담을 해 보는 체험이다. 이러한 활동을 한 후, 상담 중 어떤 말은 위로가 되고 어떤 말은 상담에 해가 되는지 서로 공유해 볼 수 있다.

삶에서 매일 겪는 혼란과 어려움, 우리가 말하는 멘붕은 내가 존재하기 때문에 필연적으로 늘 함께 존재하는 그림자이다. 이것을 우리는 완벽하게 지울 수 없다. 다만, 그 그림자에 우리가 덮여 버리지 않도록 끊임없이 자신의 삶을 밝게 비출 수 있는 요소들을 찾아야 한다. 상담도 그러한 것이다. 상담을 통해 모든 고통을 덜어낼 수 있는 것은 물론 아니다. 다만, 나의 마음을 털어놓으면서 나 스스로 어려움을 확인할 수 있게 되고 어떻게 뛰어넘을 수 있을지 고민할 수 있게 된다. 그리고 이 고민들은 후에 비슷한 상황이 찾아왔을 때 나 스스로가 훌륭히 대처할 수 있게 해 주는 소중한 경험이 된다.

참고
멘붕, 힐링의 정의: 위키백과

삶의 패러다임

정수경

'틀에 갇힌 패러다임, 부숴 줄게 *We so fly*.
바보같이 따라 하진 않겠어.'

내가 자주 듣던 가요 중 한 소절이다. 평소 여기저기서 흘러나오는 수많은 가요 중 처음 들었을 때 독특하다고 생각된 내용이었다. 이후 그 노래의 뮤직비디오를 보니 이 노랫말이 나오는 부분에서는 쇠로 만들어진 네모난 프레임이 화면에 띄워졌다.

대부분의 대중가요 가사가 사랑과 이별이 주를 이루는데 패러다임을 부수고 그것을 따라 하지 않겠다는 이 가사를 처음 들었을 때 굉장히 참신했다. 이런 가사를 쓰게 된 계기는 잘 모르겠지만 내가 이 노래를 듣고 느낀 점에 대해서 간단히 이야기해 보고 싶다.

나는 이 가사 속의 패러다임을 우리가 이 세상에서 깨 버려야 할 한계라고 받아들였다. 위 가사 한 소절의 뮤직비디오 장면처럼 우리는 그 프레임을 깨뜨려야 한다. 우리가 세상을 보는 시각이 틀에 박혀 있다면 우리가 세상에서 어떤 일을 하든지 간에 그 경계선을 넘지 못하고 발전할 수 없을 것이다. 그러나 틀에 박힌 패러다임, 즉 프레임을 부수고 나면 우리는 그 프레임의 한계를 넘어선 세상에 접근할 수 있다. 따라서 우리가 어떻게 프레임을 부수고 세상에 접근하느냐에 따라 우리의 삶은 무한한 가능성의 여지를 가지는 것이다.

오늘 하루 동안 자신이 한 일들에 대해서 리스트를 작성해 볼까? 오늘 몇 시에 등교하고 학교에서 무엇을 했고 야간 자율 학습 시간에는 어떤 공부를 했는지. 그리고 집에 돌아와서 무엇을 하고 몇 시에 잠이 들었는지. 생각보다 이렇다 할 만한 자랑스러운 리스트를 가진 사람은 몇 안될 것이다. 하루하루 우리는 주변에 유혹이 넘치는 세상에 살기 때문에 효율적으로 공부나 일을 하며 생산적인 활동을 하는 시간은 생각보다 훨씬 짧다.

프랑스의 철학자인 데카르트가 정신의 연구법은 내부 관찰*Introspection*이라고 주장했다. 즉 자기 자신을 가장 잘 알 수 있는 방법이 바로 자신을 안에서부터 관찰하는 것, 자신을 성찰하는 것이다. 그리고 자신을 잘 알 수 있을 때 우리는 자신의 한계를 그대로 느끼고 그 한계를 뛰어넘는 시도를 하게 된다.

사람에 따라서 하루하루를 되돌아보는 것이 버겁거나 힘들 수도 있다. 또 누군가는 자기 자신을 잘 아는데도 불구하고 이 방식을 유지해야 하는지 스스로에게 물어볼 수도 있다. 그러나 자기계발을 게을리한다면 우리에게 단 한 번밖에 주어지지 않은 인생이 자칫 어긋나며 삐걱댈 수 있다. 계획적이고 규칙적인 삶을 살며 자신의 하루하루를 되돌아볼 수 있다면 그것이야말로 미래를 계획하는 첫 단추를 꿰는 것이다.

깊은 자기 성찰로 자신의 한계, 즉 프레임을 깬 예시를 들자면 미국 메이저리그의 야구팀 구단장인 '빌리 빈'이 있다. 많은 사람들은 그의 실화를 바탕으로 한 영화 〈머니볼〉을 보고 찬사를 아끼지 않았다. 그 이유는 그가 돈이 없는 구단을 위해서 비교적 몸값이 낮은 선수들을 영입하면서도 다른 사람들과 차별화된 방식을 통해 선전했기 때문이다. 돈과 실력이 없다고 평판이 난 '오클랜드 애슬래틱스팀'의 단장이었던 빌리 빈은 거액의 몸값을 자랑하는 최고의 선수를 영입하는 데 앞장서지 않고 기존의 선수 기용 방식과는 다르게 접근했다. 소위 인기와 몸값에 따라 선수를 영입하기보다 자신의 팀에 어떤 부분이 모자라는지, 그리고 그 선수가 메울 수 있는 부분이 무엇인지 생각하면서 팀의 승률을 높여 갔다. 빌리 빈은 '자신을 잘 아는 힘'을 가지고 있었던 것이다. 다른 사람들과 똑같은 프레임 안에서 경기를 한 것이 아닌 자신의 상황을 잘 파악하려 했다. 그리고 자기 팀에 부족한 것과 필요한 것을 채우며 기존에 존재하던 평범한 프레임을 넘어선 새로운 팀을 구성했다.

그의 방법이 우리가 겪는 모든 일에서 성공을 보장할 수 있다고는 말할 수 없다. 그러나 그는 분명히 그가 가진 어려움과 한계를 극복하고자 최선을 다했고 새로운 방식을 실천하여 그의 능력을 최대치로 올렸다.

인생을 살면서 모든 사람은 한계를 느끼기 마련이다. 하지만 그 한계를 뛰어넘는 사람은 빌리 빈처럼 분명히 있다. 그리고 그 한계를 뛰어넘는 자만이 경험할 수 있는 자신감, 기쁨, 그리고 희망이 기존의 프레임의 벽 뒤에 존재한다. 설사 그 벽을 깨는 데 실패하였더라도 이 실패는 앞으로 당신이 또 다른 벽을 깨는 밑거름이 되어 자신을 더 굳건하게 만들고 그 능력을 한껏 올릴 수 있는 기회가 될 것이다. 아직 프레임을 깨거나 뛰어넘는 데 성공하지 못한 당신, 꼭 해 낼 수 있길 바란다.

5

마음뿐만 아니라
몸에도 좋은 심리학

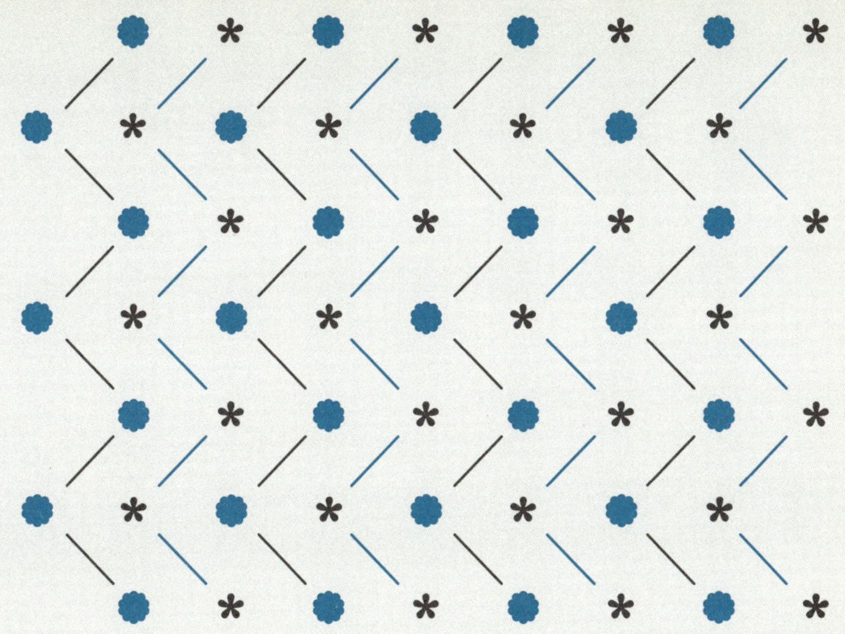

그 많던 초콜릿은 누가 다 먹었을까? 허정현

머무르는 느낌 신애경

심리학에서 건진 다이어트 팁 김가현

시시콜콜하지만 중요한 이야기: 믿습니까? 행복하십니까? 정수경

그 많던 초콜릿은 누가 다 먹었을까?

허정현

내가 또 이러고 있다.

하지 말아야 한다는 것을 알면서도 이 상황을 합리화시킬 수 있는 이유를 머릿속으로 이리저리 찾고 있다. 어제의 후회는 벌써 잊어버리고 또다시….

먹을 것을 뒤지고 있는 것이다!

행동 개시! 일단, 어제 내 눈앞에 보이지 않게 숨겨두었던 초콜릿과 탄수화물들을 이리저리 찾아낸다! 이단, 내 발 앞에 가득 쌓인 과자를 흡족하게 바라보고 하나 집어 들어 칼로리부터 확인한다! 삼단, 칼로리는 높지만 상관없다는 듯이 과자 한 봉지 한 봉지를 체계적으로 입에 집어넣는다! 사단, 이성이 되돌아왔다. 생각 없이 하나 하나 밀어 넣는 사이에. 봉지 속 ABC초콜릿들은 이미 껍질만 남았고, 빵빵하던 빵 봉지에는 부스러기만 남았다.

처음 초콜릿 한 알을 입에 넣었을 때 그 초콜릿들이 녹으면서 나에게 주는 안도감과 행복감은 말로 표현할 수 없다. 대학은 갈 수 있을지, 지금 내가 제대로 하고 있는지, 이번 학기 성적은 제대로 나올지 매 순간이 초초하고 불안하지만, 음식을 들고 있는 순간은 그렇지 않다. 내 미래에 대해서 나는 아무것도 확신할 수 없지만 초콜릿을 입에 넣는 순간 달콤함이 '샤라라아~' 퍼질 거란 사실은 확실하기 때문이다.

룸메이트가 이 산더미처럼 쌓인 과자 봉지를 볼까 봐 쓰레기통도 비워 버렸다. 내 위장은 이미 과자로 가득 찼고, 먹는 즐거움은 다 먹어야 한다는 의무감으로 바뀐 지 오래이다. 이렇게 먹는 것에 의존해 즐거움을 찾고 있는 내 모습을 보니 한심하기만 하다. 다시 정신을 차린 것이다. 남은 과자들을 보며 역겨운 마음으로 '내일은 금식이야.' 라고 생각한다. 사실 과자가 역겨운 것이 아닐 게다. 이런 내 모습이 역겨운 걸 테지….

옆방에 사는 혜윤이는 먹고 바로 게워 낸다고 하던데 화장실에 가서 헛구역질을 해 보지만 나는 잘 되질 않는다. 대신 밖으로 나가 러닝머신을 뛰기로 했다. 내가 방금 섭취한 700kcal가 모두 없어질 때까지!

이는 3개월 전 나의 모습이다. 동시에 기숙사의 많은 여학생들 모습이며 홀로 힘들어하는 대한민국의 많은 여성들의 모습이다.
모두가 숨기고 싶어 하며, 겪어 보지 않은 사람은 눈살을 찌푸리며 반응할 수밖에 없는 '폭식증*Bulimia Nervosa*' 겉으로 드러나지 않지만 사실 우리 주변에 많은 사람들이 겪고 있고, 힘들어하고 있으며, 또 이겨 나가려 애쓰고 있다. 누구에게나 찾아올 수 있는 '폭식증', 그 정체를 알아보고 폭식의 늪에서 헤어날 수 있는 방법에 대해서도 이야기해 보고자 한다.

사람들은 이렇게 생각할 수 있다. "아니, 먹는 것 하나 스스로 조절 못하나?" 폭식증을 겪고 있는 환자들 역시도 본인이 정상적인 식사를 하지 못하는 것에 자괴감을 느끼며 끊임없이 먹고 싶어 하는 모습에 힘들어한다. 그럼에도 '왜?' 폭식을 하는 걸까? 선천적으로 먹는 것을 너무 좋아하는 걸까? 생존하고자 하는 인간의 본능인가? *(아니 그렇다면 왜 나만 이렇게 본능에 충실한 거야~)* 작년 겨울, 나는 나의 몸을 열심히 분석해 보았지만 내가 폭식을 해야만 하는 이유를 알지 못했다. 그러나 폭식의 원인은 나의 유전자나 나의 체질, 나의 몸에 있는 것이 아니었다. 마음속에 있었다.

'감정적 섭식'

누군가는 마음의 공허함을 채우기 위해, 누군가는 세상의 문제를 잠시 잊기 위해 음식을 먹는다. 생활 에너지로 필요한 식사량을 넘어 자신의 감정을 처리하기 위한 수단으로 음식을 찾게 되는 것이다. 이를 감정적 섭식이라 한다. 나의 경우는 외로움을 잊기 위해 나의 주변을 과자와 초콜릿으로 채웠다. 학교가 끝나고 친구들과도 헤어져 각자 자신의 공간으로 돌아가는 시간에 직면하는 외로움이 싫어 학교 수업이 끝나고 나면 초콜릿과 과자들로 미리 무장을 하는 것이다. 혹시라도 외로움을 느끼게 될 때 바로 먹음으로써 잊을 수 있도록. 어떤 이는 세상과의 싸움에서 도망치기 위해 감정적 섭식을 한다. 학교에서 친구들과의 경쟁 또는 직장에서 상사 눈치에서 벗어나 집으로 돌아오면 냉장고 앞에 앉아 자신의 그 모든 긴장과 짐을 풀어놓는 음식을 먹음으로써 도피하는 것이다.

"왜 하필 먹는 걸로?"

혹여나, 당신이 자제력이 없어 마구 음식을 먹는 것이라 자책하고 있다면 그만 두시길! 우리가 도피처로 음식을 사용해 온 데는 심리학적인 그리고 생리학적인 이유들이 있다. 먼저, 음식은 늘 우리 곁에 있다. 21세기, 우리는 원한다면 얼마든지 원하는 음식을 얻을 수 있는 시대에 살고 있다. 내가 힘들 때 곁에 있어 줄 사람은 찾지 못해도, 힘들 때 먹을 수 있는 과자는 얼마든지 본인의 의지대로 찾을 수 있는 것이다. 그렇게 스트레스를 잊게 하는 방법으로 우리 곁에 있는 음식을 사용하게 되었다. 내 감정을 털어놓을 상대를 찾지 못하니, 과자로 그 감정을 지워 버리고 허기진 마음을 채워 버리게 된다. 생물학적으로도, 음식을 섭취하면 소화에 집중하게 되고 따라서 소화가 진행되는 동안 심리적인 문제에서 다른 곳으로 관심을 돌리게 된다. 음식을 먹을 때 분비되는 세로토닌이라는 신경 전달 물질도 우리에게 포만감과 행복감을 느끼게 하여 폭식에 한 몫하고 있다.

'뿌리를 뽑자!'

폭식은 마음의 고통과 공허함을 채우기 위한 수단으로 사용되어 왔다. 그렇기에 폭식증을 해결하지 못하면 더 깊은 심리학적 증상이 생길 수 있다. 매일 아침, 오늘 저녁은 제발 그러지 말자고 다짐한다. 그러나 저녁때쯤 다시 돌이킬 수 없는 충동을 느끼고 어제 숨겨 놨던 음식들을 다시 찾아 꺼낸다. 문제는 음식을 다 먹고 나면 만족감과 즐거움을 느끼는 것이 아니라 다시 먹고 말았다는 죄책감이 든다는 사실이다.

이 패턴이 반복되다 보면 본인 스스로에 대한 믿음이 줄어들고 자존감이 낮아진다. 폭식보다 이 폭식으로 인해 낮아진 자존감이 더 무서운 것이다. 낮아진 자존감은 우울증, 피해의식과 같은 더 많은 증상으로 이어질 수 있다. 또한 폭식증은 고립된 생활로 이끌기도 한다. 폭식을 하는 사람들은 다른 사람들 앞에서는 그렇게 음식을 많이 먹지 않고 혼자 있는 공간에서만 억눌렀던 식성을 풀어놓는다. 그렇기 때문에 다른 사람들과 식사를 기피하게 되고, 반복된 폭식을 통해 체중이 불어나면 본인에 대한 실망감으로 사람들을 만나기를 거부하는 대인기피증이 생기기도 한다. 따라서 폭식은 갑작스럽게 많이 먹은 음식을 토해 내거나 극도의 운동을 하는 등과 같은 방식으로 해결해서는 안 된다. 식탐이 원인이 아니라 마음의 병이 원인이듯, 그 뿌리가 되는 문제를 찾아내 해결해야 식탐도 사라지며 폭식증이 불러오는 다른 병들도 물리칠 수 있다.

'몸도 마음도 가볍게'

폭식증 해결에 앞서 조심할 것! 폭식을 해결하기 위해서 가장 먼저 해야 할 일은 식욕 조절제를 찾는 것도, 금식을 하는 것도, 운동을 하는 것도 아니다. 자신의 폭식을 일으키는 원인을 아는 것이 먼저이다. 폭식을 한다는 행위 자체에 집착하지 말고 어떤 시간 또는 어떤 감정이 자신의 폭식을 이끄는지 찾아보자. 그 원인을 해결한다면 폭식도 해결할 수 있다. 나의 경우는 외로움을 잊기 위해서 쾌락을 주는 초콜릿에 집착한다는 사실을 알게 되었고, 그 후 나의 외로움을 해결하는 데 초점을 두었다. 식사는 항상 친구와 대화를 나누며 했고 주말에 기숙사에 혼자 머물러 있기보다는 집에 더 자주 가 가족을 만났다. 외로움이 사라지자 음식에 손이 가는 일도 폭식도 사라졌다. 하지만 무엇보다 내가 지금 웃으며 지낼 수 있는 이유는 폭식의 해결 방법을 찾기 위해 이리저리 열심히 뒤져보았기 때문일 것이다. 그 작은 방법들을 여기서 공유하고자 한다.

폭식 해결 방법

STEP 1. 솔직하게 OPEN UP!

사람들은 자신이 폭식증이 있다는 사실을 타인에게 알리지 않고 폭식을 하는 모습도 숨기려 한다. 또한 폭식을 하는 사람들은 본래 자신의 몸매를 강박적으로 날씬하게 유지하려 하기 때문에 겉모습만 보아서는 주변 사람들이 폭식이 있는지 알기 어렵다. 따라서 주변 사람들에게 자신의 현재 상태를 밝히는 게 어떨까? 자신도 싫은 그 상태를 주변 사람들에게 알리기 어렵다는 것을 잘 안다. 그렇지만 주변 사람들에게 본인의 어려움을 밝히는 것만으로도 본인의 의지를 다질 수 있고, 사람들과 함께 식사를 하면서 스스로 고립되어 폭식하는 것을 막을 수 있다. 이제는 음식이 아닌 그들의 애정과 관심으로 나를 채워 보자.

STEP 2. '블로그와 함께 사라지다'

그거 아는가? 우리 주변에 생각보다 많은 사람들이 폭식을 겪고 있다는 사실을? 인터넷에 '폭식증'을 검색해 봐도 얼마나 많은 사람들이 폭식증에서 벗어나기 위해 노력하는지 알 수 있다. 그들의 후기가 방증한다. 블로그에 매일매일 포스팅된 사람들의 치료방식과 하루하루의 후기들은 우리에게 공감과 희망을 준다. 자신만의 일이 아니라는 사실에 위안을 느낀다. 또 그들이 매일매일 어떻게 개선되는지 보면서 자신의 삶에도 방법을 적용시킬 수 있다. 좀 더 적극적으로 자신의 하루하루를 어떻게 바꾸어 나가고 있는지, 식사는 세 끼 했는지, 오늘은 폭식을 하지 않았는지, 폭식을 대신 할 다른 활동을 찾아보았는지 매일 블로그에 기록해 보자. 자신에게 변하고 있음을 상기시키고, 또 다른 사람에게도 동기가 되도록 말이다. 폭식, 끈질긴 놈 같지만 블로그의 글을 읽고 쓰다 보면 어느 순간 블로그와 함께 사라질 것이다. 아, 아니 바람과 함께 사라지나?? 휙 ~.

STEP 3. 36개월 할부입니다, 고객님~

누가 인생은 한방이라 하던가!! 절대로 폭식은 한방으로 해결할 문제가 아니다. 오랜 시간 자신의 몸을 들여다보고 자신에게 정성을 쏟는다는 생각으로 해결해 보자. 금식과 같은 극단적인 해결책으로 달려든다면 그 불은 더 크게 번질 수 있다. 자, 어차피 남은 인생 쭉~ 이 몸과 같이 살아야 하는 이상, 36개월 할부로 길~게 잡고 본인의 몸에 대해 자세히 알아 가며 조금씩 바꾸어 가려고 마음을 먹어 보자. 나는 왜 폭식을 하게 되었는지, 지금 나의 내면에 필요한 것은 무엇인지 알아 가다 보면 몸도 마음도 튼튼해져 있을 것이다.

그렇다면 이제 나의 마음이 왜 공허한지, 왜 음식을 원하는지, 마음의 소리를 들어볼까?

머무르는 느낌
신애경

기말고사가 끝난 지 3일 째.

점점 우울해져 가고 있는 내 모습을 발견했다. 시험기간에는 조금만 놀아도 훅훅 가던 시간이 어쩜 이리 안 가는 건지….

"애경! 표정이 왜 그래~ 시험도 끝났는데 말이야~."

정현이가 내 어깨를 툭 치면서 말했다.

"아, 아니야… 시험 끝나서 좋아~ 좋지…."

이상했다. 분명 시험이 끝나서 기쁜데도 불구하고 기분이 좋지만은 않았다. 뭔가 허전하다고 해야 하나….

시험이 끝난 당일에는 시험을 잘 보든 못 보든 일단 끝났다는 사실에 "오예~!"를 외쳤다. 그러고 나서는 오랜만에 외모를 가꾸고 친구들과 쇼핑을 갔다. 점심 때 외출해서 신나게 이리저리 뛰어논 뒤, 밤 10시 반쯤 되어 기숙사에 도착한 우리는 거의 기절하듯이 잠에 빠졌다. 그리고 그다음 날에는 전날에 신나게 논 탓에 피곤해서 학교에서 영화를 보다가 낮잠도 자고 책도 읽는 등 잉여롭게(?) 보냈다.

방학이 되려면 일주일이 넘게 남았으나 후배들과 달리 축제나 체육대회에 참여하지 않는 고3이어서 그런 건가? 시험이 끝나고 이틀 정도 되니까 아무것도 안 해도 되는 새로운 생활 패턴이 너무 어색하게 느껴졌다. 시험기간에는 "시험이 끝나면 주희랑 쇼핑 가고~ 선연이랑 영화도 보러 가고~ 유송이랑 맛있는 것도 먹으러 가고~." 와 같은 생각만 했었는데 막상 시험이 끝나고 주어진 일이 없는 상태가 되니까 기분이 이상했다. 뭔가 찜찜하고 시간을 그냥 흘려보내는 듯한 느낌이 든다고 할까. 앞으로 나가지 않고 애매모호한 공간에 머물러 있는 느낌. 발전하지 않는 느낌.

나는 그 느낌이 싫었다.

열아홉 살, 대한민국 고3인 학생의 나이이며, 나의 현재 나이다. 그래서 그런지 나와 같이 한참 대학 입시를 준비하는 주변 친구들은 "스트레스, 이놈의 스트레스는 도대체 언제 없어지려나!" 라는 말을 입에 달고 산다. '스트레스'는 고3들뿐만 아니라 나이, 성별, 심지어 인종 불문하고 모든 사람이 쉽게 사용하는 말인데, 이는 자연스럽게 부정적인 감정을 내포한다. 하지만 사실 '스트레스'는 당사자가 어떻게 받아들이느냐에 따라 긍정적 스트레스*Eustress*가 될 수도 있고 부정적 스트레스*Distress*가 될 수도 있다. '어떻게 스트레스가 좋을 수 있지?'라는 의문을 품은 그대를 위해 다음과 같은 예를 들어보겠다.

물고기들이 살고 있는 수족관에 상어를 넣었다고 가정해 보자. 물고기들은 과연 어떻게 될까? 이에 대한 반응은 여러 가지일 수 있다. 하지만 그 중에 제일 지배적인 반응은 아마 "헐, 이제 그 물고기들은 망함. ㅋ" 일 것이다. 하지만 놀랍게도 수족관에 상어를 넣으면 물고기들이 더 오래 산다고 한다. 상어라는 존재로부터 느끼는 긴장감이 오히려 물고기들에게 생존의지를 강화시켜서 결과적으로 물고기들의 수명을 연장시켜 준다는 것이다.

외부의 자극을 긍정적 스트레스로 받아들이느냐 부정적 스트레스로 받아들이느냐에 따라 개인의 정신건강은 극과 극이 될 수도 있다. 힘든 일이 생기면 "망했어!" 또는 "왜 나한테만 이런 일이 일어나는 거야!"라고 외칠 수도 있겠지만, 이를 발전의 계기로 삼을 수도 있다는 것.

지금 이 글을 읽고 "에이 뭐야~. 그냥 어려운 상황을 열심히 이겨내라는 뻔한 이야기잖아." 라고 외치는 사람들! 정말 외부로부터 아무런 자극이 없으면 더 평온하고 좋을 거 같은가? 시험이 끝난 3일 후의 자신의 모습을 한번 생각해 보자. 두 눈은 허공을 바라보고 머릿속에는 "이젠 뭘 해야 되지?"라는 생각이 맴돌고 있는 그 순간이 연상되는가? 뇌세포가 하나씩 죽어 가는 듯한 그 느낌을? 이렇게 아무런 동기부여가 되지 않는 무기력한 상태가 과연 즐거운 상태인가? 전문가들은 우리가 이렇게 무료한 상태에 빠지면 스스로 쉽게 부정적인 감정을 가지게 된다고 한다. 그러니 "헐, 내가 휴식도 즐길 줄 모르는 공부벌레였나…. ㅠㅠ 왜 쉬는 시간이 주어지니까 더 우울해지지?"라는 걱정은 안 해도 된다. 스트레스가 없을 때 오히려 괴로워하는 게 자연스러운 반응이기 때문이다.

여기서 잠시 '방학'과 '학기 중'에 대한 나의 경험을 공유하겠다. 방학했을 때와

학교에 있을 때 중 나는 언제 더 스트레스를 받으며 언제 더 삶의 활기를 느낄까? 물론 방학 초기에는 그동안 누리지 못한 휴식 시간을 마음껏 누리며 늦잠도 자고 밀린 TV 프로그램도 보면서 지내기 때문에 스트레스를 많이 받지 않는다. 하지만 방학이 끝날 때쯤 되면 나는 방학이 끝난다는 아쉬움보다는 안도감을 많이 느낀다. 그 이유는 다음과 같다.

용인외고라는 공간은 나에게 여러모로 스트레스를 많이 주는 곳이다. 학생들 모두 공부에 대한 불타는 열정과 끈기가 있어서 처음 나는 주변 친구들의 엄청난 학구열, 적극적인 수업 참여 태도, 지적인 능력과 재능에 열등감을 많이 느꼈다. 입학 초기에는 특히 어느 대회든 참여만 하면 상을 휩쓰는 친구들과 운동, 공부, 음악 등 모든 분야에서 최상위 수준의 실력을 자랑하는 친구들, 드라마에서만 볼 수 있을 거라고 생각했던 대단한 집안의 자녀인 친구들이 너무나 놀라웠다. 나와는 다른 세계의 사람들이라는 생각이 들었고 그로 인해 부정적인 스트레스를 많이 받았다.

하지만 이처럼 계속 뛰어난 친구들로부터 심리적 자극을 많이 받아서 그런지, 지금 고3이 되어 지난 고등학교 생활을 되돌아보니 나 스스로도 중학교 때는 꿈꾸지도 못한 일들을 많이 해 낸 것 같다. 꾸준한 운동을 통해 대회에서 수상도 했고 그토록 쓰고 싶었던 책을 출판하는 등 아무런 자극 없이는 생각조차 못했던 일들을 많이 해 냈다. 상어가 들어 있는 수족관 물고기들의 수명이 오히려 더 늘어났듯, 나 역시 친구들로부터 받은 스트레스가 나를 발전시키는 동기가 된 것이다.

나에게 방학은 학기 중에 계속적으로 받아온 스트레스를 푸는 아주 소중한 시간이다. 그럼에도 불구하고 이 휴식 시간을 마치고 학교에 돌아가고 싶은 이유는 휴식이 너무 오래 지속되어 아무런 걱정과 염려가 없는 무료한 상태가 되는 걸 원치 않기 때문이다. 심신을 재충전하고 난 후에는 다시 앞으로 나아가는 진취적인 일을 하고 싶은 마음이 강해지고 내가 학교로부터 받는 스트레스가 부정적이기보다는 긍정적으로 작용하여 나를 더욱 노력하는 사람, 발전하는 사람으로 만들어 주기 때문이다.

스트레스는 우리 삶에서 떼어 놓을 수 없는 존재다. 하지만 이를 무조건적으로 적대시하지 말고 '나를 더 앞으로 나아가게 해 주는 원동력'이라 생각해 보는 건 어떨까? 힘들겠지만 지금 받고 있는 스트레스를 부정적 스트레스에서 긍정적으로 스트레스로 한번 바꿔 보는 노력을 하면 좋을 것 같다. 윈스턴 처칠의 재치 있는 말 가운데 "나로 말할 것 같으면 긍정주의자인데, 다른 주의자가 돼 봤자 별 쓸모가 없는 것 같기 때문이다."처럼 말이다.

참고

1. http://www.brainmedia.co.kr/brainWorldMedia/ContentView.
   aspx?contldx=11252
2. http://terms.naver.com/entry.nhn?cid=3437&docld=1718503&mobile&category
yld=3437
3. http://www.seoul.co.kr/news/newsView.php?id=20130225024001

심리학에서 건진 다이어트 팁

김가현

'머리론 알겠는데~ 가슴은 왜 제멋대론지~.'

엄청난 인기몰이를 했던 2PM의 'Heartbeat'의 가사 중 한 소절.

'이렇게 계속 앉아서 먹기만 하다간 지금 배에 두른 튜브가 아주 대형 튜브가 될 수 있는데…'
'이 팔뚝 살 빼려면 내가 지금 이 빙수를 먹고 있으면 안 되는데 말이지…'

생각하면서도 고열량 음식을 먹고 운동은 제대로 안 하는 모든 사람들에게 딱 맞는 소절이다. 다이어트, 머리로는 아는데 마음이 따라 주지 않는다.

다이어트 방법은 정말 많다. 각종 다이어트 식품과 운동을 시도해 보지만 아무리 장대한 계획을 세워도 정작 마음이 따라 주지 않아서 제대로 계획 실현을 못할 때가 많다. 그래서 다이어트에서 정말 중요한 건, 마음을 똑똑하게 트레이닝하기! 그런 방법을 누가 가르쳐 주냐고? 마음을 가장 잘 파악하고 있는, 심리학이 알려 준다.

심리학의 주장들을 보면, 간단한 팁 몇 개로 생각보다 쉽게 다이어트 스토리에 변화를 만들어 낼 수 있다. 알고 나면 별거 아닌 것 같아도 다 똑똑한 학자들이 실험으로 알아낸 좋은 알짜배기 정보니까 알아 두자.

첫 번째 팁: 그릇을 줄여라 – 프레임의 파워

음식의 섭취량을 결정하는 가장 단순하면서도 중요한 요소는 바로 '그릇의 크기'다. 큰 그릇에 담겨 있을수록 더 많이 먹는다. 물론 이렇게 생각할 수 있다. '배고픈 정도는 일정하니까 아무리 그릇이 커도 음식을 남길 테지, 그럼 먹는 양은 같아지는 것 아닌가?' 하지만 실제로는 그렇지 않다.

미국 컬럼비아대학교의 심리학자인 폴 로진 교수는 기본 단위의 크기가 섭취량에 결정적인 요소임을 밝혀 냈다. 교수와 연구원들은 미국의 고급 아파트 현관에 작은 초콜릿이 가득 든 용기를 비치하고 거주자들이 오다가다 떠먹을 수 있도록 초콜릿 용기 옆에 스푼을 놓아두었다. 첫날은 조그만 티스푼을 뒀고 다음 날은 그보다 정확하게 4배 더 큰 스푼을 놓아뒀다.

오후에 남아 있는 초콜릿 양을 조사했을 때, 결과는 어땠을까? 똑같은 주민들이니까 식욕이 일정할 것이고 그러니 스푼의 크기와 상관없이 줄어든 양은 같아야 하는 것 아닐까? 하지만 큰 스푼을 놓았을 때 사람들은 훨씬 많은 초콜릿을 먹었다. 식욕이 식사량을 결정하기보다 그릇의 크기가 식사량을 결정한 것이다.

이는 그릇의 크기가 프레임으로 작동하기 때문이다. 사람들은 기본적으로 제시되는 양을 '사회적으로 바람직한 평균적인 양'으로 생각하는 경향이 있다. 그 래서 그릇이 큰 경우에는 남기는 것에 대한 죄책감을 느끼게 되고, 그릇이 작은 경우 더 먹게 되면 '너무 많이 먹는 것 아니냐'는 불안감을 느낀다. 그릇 크기, 무시할 수 없다!

두 번째 팁: 너의 다이어트를 적에게 알리지 마라 – 문화와 성취의 파워

"나 이번 방학 때 다이어트 할 거야!"

많은 사람들이 다이어트를 할 때 우선 주변 사람들에게 공표하고 다닌다. 하지 만 그렇게 떵떵거리며 다이어트 선전포고를 한 친구 중에 실제로 개학식 때 몰 라보게 달라졌던 친구가 몇이나 될까? 많은 사람들이 다이어트를 할 때 외부에 그 계획을 알리는 게 목표 성취에 도움이 된다고 믿지만 두 가지 이유로 이는 별 효과가 없는 것으로 밝혀졌다.

첫 번째, 비만이 하나의 소문화 *Subculture*를 형성하는 경우가 많기 때문이다. 비 만인 사람들은 대부분 집안사람들이나 주변 사람들이 비만인 경우가 많은데, 이는 살이 찌는 생활 습관을 공유하기 때문이다. 그래서 그 구성원들끼리는 '비 만인 것' 혹은 '살이 찐 것' 자체가 자신들의 정체감 및 유대감의 요소가 된다. 따 라서 한 사람이 다이어트 한다는 것은 그 집단을 이탈하는 것과 같은 의미여서 다른 구성원들은 이에 대해 본능적인 반감을 가진다. 그래서 "넌 안 빼도 괜찮 을 것 같아."라든지 "난 통통한 네가 더 좋아."라는 말들을 듣게 되는 것이다.

두 번째, 사람들은 자신의 목표가 무엇인지 말하는 동시에 이를 달성했다는 착각에 빠지게 된다(이는 유명한 인지심리학자 피터 골위처의 주장이다). 목표 성취를 하려는 동기 중 큰 비중을 차지하는 것이 '남들로부터 인정받는 것'이다. 그런데 자신의 목표를 말해서 남들에게 '대단하네!' 식의 긍정적 피드백을 받으면 목표 성취 전에 이미 만족감이나 기쁨이 커져 버린다. 따라서 다이어트를 하는 데 있어서 목표 달성 의지가 조금은 수그러들게 된다.

세 번째 팁: 음식을 밀어 버려라 – 행동의 파워

음식을 물리적으로 밀어 버리는 행동 자체가 식욕을 억제하는 데 도움이 된다. 지금 들고 있는 이 책을 덮고 가능한 한 책을 멀리 밀어 보아라. 그리고 다시 책을 끌어당겨서 포옹하고 책이 아기인 양 쓰다듬어 보아라(주변에 사람이 없을 때 하도록). 자, 각각 행동을 할 때 책에 대한 느낌이 어떠한가? 연구 결과에 따르면, 어떤 물건을 밀어 버리는 행동은 진짜 그 물건을 싫어하는 정도를 높이고, 끌어당기는 행동은 좋아하는 정도를 높인다. 단순하지만 효과적인 행동 팁이다!

심리학이 주는 다이어트 팁은 이보다 많지만, 제일 와 닿을 것 같은 세 가지를 꼽아서 정리해 보았다. 굉장히 단순해 보여도 이 팁들을 참고한다면 다이어트는 훨씬 수월해질 것이다! 나도 이번 여름방학, 이 팁을 이용해서 날개 달린 팔뚝 살을 빼 볼 계획이다. 머리로만 아는 게 아닌 마음까지 이해하는 다이어트! 파이팅!

참고
1. 《Rip It Up》, 리처드 와이즈먼 지음, 웅진지식하우스
2. http://jinpark.egloos.com/1045933

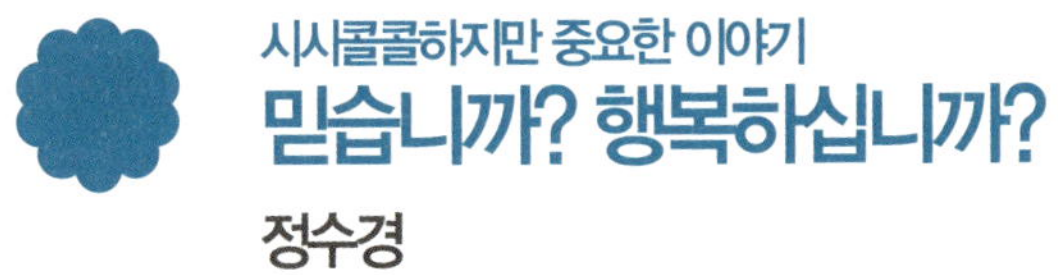

믿습니까? 행복하십니까?

정수경

"당신은 종교를 믿습니까?"

"만일 Yes라면, 종교를 믿음으로써 행복하십니까?"

종교를 믿는 대부분의 사람들은 행복하다고 대답할 것이다. 이미 수차례의 연구에서 입증되었듯이, 종교를 믿는 사람은 종교를 믿지 않는 사람보다 더 행복하다. 이 연구를 통해 우리는 종교가 우리 삶을 더욱 풍성하게 할 수 있는 양식이라는 사실을 알 수 있다. '종교를 믿으면 행복하다' 라는 것은 진실이 아니지만 대부분의 종교인들이 종교로 인해 정신적 피해를 받거나 건강이 악화되진 않으므로 종교가 인간에게 미치는 영향이 나쁘다고는 할 수 없다.

종교의 기원에 대해서는 정확히 밝혀진 바가 없다. 언제, 어디서, 어떻게, 왜 종교가 발생하였는지에 대해서는 토테미즘이나 애니미즘과 같은 여러 학설이 있으나 그 어느 학설도 종교의 기원에 대해 구체적으로 설명해 주지는 않는다. 그만큼 종교는 오랫동안 인류와 함께하였고 현재의 불안감과 미래에 대한 걱정 등의 문제점을 '신앙' 으로 해결하려는 경향이 있었다.

정신문화의 일부분이라 할 수 있는 종교는 오래전부터 인간이 해결할 수 없는 문제를 초인간적인 존재의 힘을 빌려 대중의 고민이나 문제, 즉 정신적 스트레스를 해소해 왔다. 따라서 종교는 오늘날까지도 인간의 정신건강에 큰 영향을 미치고 있다. 우리 주변을 보기만 해도 종교가 우리에게 어떤 영향을 미치는지 짐작할 수 있다. 어느 종교이든지 상관없이 종교를 믿는 사람들은 그 종교를 믿음으로써 정신적인 안정을 취할 수 있다.

서울신학대 황덕형 교수에 의하면 종교는 의미 있는 삶의 형식이라고 말한다. 종교를 믿음으로써 삶에 의지가 생기고 기쁨과 더불어 행복도 함께 느낄 수 있다는 것이다. 물론 종교적이지 않은 사람들도 가족과의 시간이나 자기계발을 통해 삶의 의미를 느낄 수 있지만 종교는 그와는 다른 정신적 도움이 된다는 것이다.

인간의 행복은 물질이 아닌 정신적인 면에 크게 의존한다. 배고플 때 맛있는 식사를 하고 추울 때 따뜻한 집에서 생활하는 것만이 행복의 요소가 아니라 미래에 대한 희망, 믿음도 인간의 행복에 영향을 미친다. 앞으로 닥칠 일에 대한 두려움이 있을 때 종교는 초인간적 존재가 자신을 도와줄 거라는 믿음을 주어 기쁨을 느끼게 한다. 또한 대부분 종교의 바탕은 '많은 사람들을 이롭게 하자' 라는 이념이 담겨 있어서 인간이 종교를 믿음으로써 가질 수 있는 긍정적인 요소를 담고 있다. 또 다른 중요한 요소 중 하나는 종교적인 모임을 통해 여러 사람들로부터 정서적인 도움을 받을 수 있다는 점이다. 자기와 같은 생각을 가지고 자기의 편을 들어 줄 수 있는 존재가 있다는 사실만으로도 불안을 덜고 행복은 더해지는 아주 중요한 효과가 나타난다.

육체적인 행복과 다른 의미의 정서적인 경험이라고 할 수 있는 종교를 통해 사람들은 자신의 존재가치가 높아짐을 느낄 수 있다. 보통 종교 의식에 참여한 뒤 종교인들은 이런 느낌을 받음으로써 안정과 기쁨을 찾는다.

종교를 이해하는 데 어려워하거나 받아들이기 힘들어하는 현대인들도 많고 자신의 종교적 행복을 위해 남의 삶을 불행하게 만드는 종교인들도 있다. 하지만 종교는 행복의 차원을 높인다는 점에 있어서는 반박할 수 없다. 종교를 통해 자기 자신의 존재에 의미를 부여하는 것은 자신감과 자존감을 함께 높여 주는 역할을 한다. 물론 종교란 개인의 차이에 따라 달리 정해질 수 있다(일례로 모태신앙인 사람들도 청소년기 이후 종교를 가지지 않거나 바꾸는 경우도 많다). 그러나 결국 종교를 믿음으로 인해 자신이 힘든 일로부터 구원이 되고 일상 속에서 또 다른 기쁨을 느낄 수 있다면 종교를 믿는 것 또한 행복한 삶을 위한 하나의 노력이다.

참고
http://blog.daum.net/144k/51

6

경제와 심리의 똑똑한 퓨전

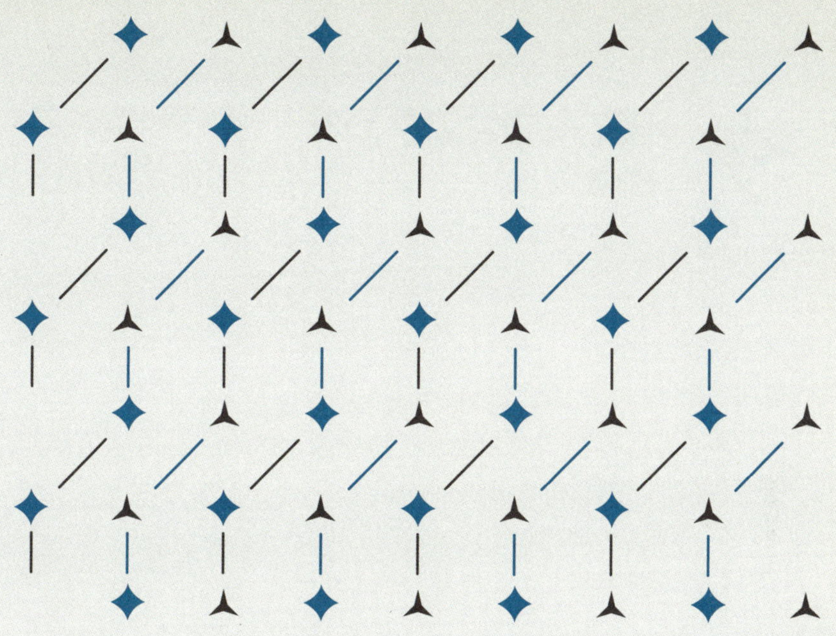

생활 속 협상 고수 되기 신애경

My Name Is Kart 허정현

미스터리 사건의 범인이 밝혀지다 김가현

시시콜콜하지만 중요한 이야기: 마음속 회계장부 정수경

생활 속 협상 고수 되기
신애경

작전 1 보라색 추리닝

"언니! 나 수련회에 입고 갈 옷이 없어.ㅠ.ㅠ 옷 좀 빌려 줘!"

동생 애빈이가 고등학교 입학 후 첫 수련회에 가는데 옷을 빌려 달라던 그날. 나는 속으로 '아싸~ 이 기회에 뭐 좀 얻어 볼까나?ㅎ' 라는 생각을 하며 비싸게 굴기로 마음먹었다. 동생이 나에게 이런 부탁을 또 언제 할까 싶은 마음에 여러 조건을 걸기 시작했는데….

"음, 뭐 빌리고 싶은데?"

"언니, 그 검정색 반바지!"

헉. 검정색 반바지는 나도 평상시에 즐겨 입는 옷이었다. 그 바지를 빌려 주면 나도 일주일 동안 입을 옷이 마땅찮은데…. 흠, 이왕 이렇게 된 거 좀 더 세게 나가 볼까나?

"그럼, 나는 너 파란색 점퍼 빌려 줘!"

나는 애빈이가 제일 즐겨 입는 파란색 점퍼를 요구했다. 이에 당황한 애빈이는 잠시 고민하는 듯한 모습을 보였다. 사실 나는 애빈이의 파란색 점퍼보다는 보라색 추리닝을 빌리고 싶었는데, 처음부터 무리한 조건을 내세우면 그 뒤에 어떤 조건을 요구해도 들어줄 거 같았다. 이런 걸 바로 도어 인 더 페이스 테크닉 *Door in the face technique*이라고 하는 데, 흔히 가격 흥정할 때 많이 쓰는 방법이다. 시장에서 물건을 사 본 적이 있는 사람들은 알 것이다. 마음에 드는 신발을 보고 가격을 물었을 때 상인이 백화점 급의 가격을 부른다는 것을. 그리고 이때, 당황하면 안 된다는 것을. 이 똑똑한 상인들은 처음 제시한 가격을 손님이 받아들이지 않을 것을 알면서도 말도 안 되는 가격을 제시하기 때문이다. 처음에 절대로 수락하지 않을 것 같은 어려운 조건을 내세운 뒤 좀 나은 조건을 제시하면 일단 손님은 1.처음에 거절한 미안함과 2.전에 내세운 조건보다 후에 내세운 조건이 훨씬 나아 보이는 생각 때문에 수락할 가능성이 높아진다.

나의 무리한 요구에 대해 애빈이는 입술을 깨물며 말했다.

"파란색 점퍼는 안 돼! 내가 그거 얼마나 많이 입는지 언니도 알잖아!"

나는 속으로 흐뭇해하며 겉으로는 애빈이의 반응에 대해 실망한 표정을 짓는 척했다. 이제 본격적인 요구를 해 볼까.

"그럼, 보라색 추리닝 빌려 줘."

애빈이는 또 고민하는 표정을 지었다. 하지만 얼마 안 되어 말을 꺼냈다.

"윽, 그래….ㅠ.ㅠ"

작전 성공!

작전 2 남은 망고 한 조각의 힘

평화로운 주말 오후 4시, 애빈이와 나는 〈무한도전〉을 보고 있었다. 배가 고픈 건 아니었지만 입이 심심해질 쯤에 나는 애빈이에게 물었다.

"망고 남아 있어?"

애빈이는 순간적으로 미소를 지었고 우리는 부모님 몰래 살며시 냉장고에서 망고 한 팩을 꺼냈다. 그렇게 해서 나랑 애빈이는 서로에게 하이파이브를 하며 행복하게 TV를 시청했다.

〈무한도전〉이 끝나기 15분 전. 망고 팩 안에는 하나의 망고만 남았고 마지막으로 망고를 집었던 나는 어쩔 수 없이 애빈이에게 남은 망고를 넘겨 줘야 하는 상황이 왔다. 애빈이가 남은 망고를 집어서 입에 넣으려는 그 순간!

"언니!"

나는 순간적으로 애빈이 입 위 허공에서 대롱대롱거리는 망고를 쳐다보았고 이런 나의 모습을 본 애빈이는 씩~ 하고 미소를 지었다. 아까 망고를 가져올 때와는 사뭇 다른 느낌의 미소였다.

"언니, 이거 먹고 싶어?"

"응!"

비참하지만 그 순간 나는 그 마지막 망고가 정말 먹고 싶었다.

"그럼, 나 내일 친구들이랑 놀러 갈 때 언니 그 독수리 목걸이 하고 가도 돼?"

생각해 보니까 이 녀석이 언제나 내 독수리 목걸이를 탐냈었다. 하지만 뭐, 내일 나는 나갈 곳도 없고 목걸이를 빌려 줘도 상관이 없을 것 같다는 생각이 들었다. 나는 손가락으로 동그라미를 그렸다.

"음, 그러면 언니 검정색 반바지도 입고 가도 돼?"

이 녀석이 내 검정색 반바지까지 탐내는 것이다. 저번에 수련회 때 빌려갔음에도 불구하고 그 뒤로도 얼마나 빌려 달라고 조르던지…. 하지만 내일 내가 입을 것도 아니고 해서 이번에도 역시 OK를 날렸다.

"그럼, 마지막으로 나 언니 운동화 내일 신고 갈래!"

'아 뭐 이거 역시 딱히 상관없겠…' 이라고 생각하는 순간, 내가 지금 망고 하나 먹겠다고 평소 소중히 여기던 것들을 동생에게 하나하나씩 빌려 주고 있는 게 아닌가! 빌려 주는 것 자체는 괜찮다고 쳐도 내가 지금 망고 한 조각에 이렇게 넘어가고 있다니!

곰곰 생각해 보니 애빈이는 지금 풋 인 더 도어 테크닉 *Foot in the door technique* 을 사용하고 있었다. 이 용어를 자세히 살펴보면 일단 문에 한 발짝이라도 들여놓는 게 좋다는 의미를 담고 있는데, 이는 작은 요구에서 시작하여 상대방이 부담을 느끼지 않게끔 큰 요구까지 점진적으로 접근하는 방식을 가리킨다. 백화점에서 점원이 상냥한 목소리로 "아가씨~ 사지 않더라도 들어와서 구경 한 번 해 봐요.", "마음에 드시는 거 한번 입어만 봐요.", "너무 잘 어울리시네요! 그거 마침 지금 행사 중인데!" 라고 말하는 걸 들어본 적이 있을 것이다. 이처럼 풋 인 더 도어 테크닉은 우리 경제생활에서 교묘하게 쓰이는 방식 중 하나이다. 그런데 이 수준 높은 테크닉을 내 여동생이 나를 상대로 쓰고 있었다. 애빈이는 목걸이에서 반바지, 그리고 운동화까지 천천히 나에게 요구하고 있었다. 그것도 망고 한 조각으로!

"아, 몰라 몰라. 알아서 해. 다 입어."

애빈이가 쓰고 있는 풋 인 더 도어 테크닉을 알고 있음에도 불구하고 나는 애빈이의 모든 요구를 들어줬다. 왜? 나는 망고가 먹고 싶었기 때문이지!ㅎ

도어 인 더 페이스와 풋 인 더 도어 테크닉 모두 우리 사회에서 많이 쓰이는 수법들이다. 이 테크닉들은 경제적인 문제와 관련해 주로 많이 설명되는데, 이 글에서 어떻게 두 테크닉이 우리 실생활에서도 쓰이는지 보여 주고 싶었다.

앞으로는 친형제로부터 옷을 빌릴 때나 맛있는 먹거리를 두고 협상할 때, 상대방이 도어 인 더 페이스와 풋 인 더 도어 테크닉을 사용하고 있는지 한 번 생각해보면 어떨까.

My Name Is Kart
허정현

마치 적진을 향해 진격하는 듯 비장한 표정으로 그녀는 마트에 들어섰어. 그러나 끝없이 전시된 아이템들 앞에서 햇빛 아래의 소프트아이스크림처럼 그녀는 무장 해제된 표정으로 경쾌하게 움직이기 시작했어. 그리고 나는 지금 그녀의 손에 이끌려 이리저리 돌아다니고 있지.

그래. 백 원을 넣고서야 소유할 수 있는, 그리고 백 원을 빼내는 동시에 그녀의 곁을 떠나는, 나는 대형 할인마트 카트.

너는 한 번쯤 내 위에 올라 탄 적이 있겠지. 너는 한 번쯤 나를 밀고 돌아다닌 적이 있겠지.

나는 한평생을 많고도 다양한 사람들의 손에 이끌려 다녔지. 때로는 학생의 손에, 때로는 할머니 손에, 그리고 가끔은 여인의 손이 아닌 아버지들의 손에. 그런데 신기한 것은 말이지! 그들이 누구든 간에 늘 그들의 비장한 표정은 곧 나를 잡고 이리저리 돌아다니는 사이에 풀려 있다는 거야.

그들의 비장한 얼굴이 풀리는 그 순간을 우리는 '그루엔 전이 *Gruen Transfer*'라고
해. 바로 사람들이 매장에 들어오는 순간, 매장의 복잡한 구조와 혼란스러운 디
자인에 방해를 받아 원래 매장에 들어온 목적을 잊고 서서히 충동구매의 늪에
빠져드는 순간이지.

심리학자 더글러스 러시코프가 내가 있는 마트에 왔다면 이곳을 보자마자 이
런 말을 했을 거야. "여기도 그루엔 전이가 판을 치고 있군. 너무 많은 정보가
사람들의 감각 기관에 입력되고 있어. 결과적으로 매장 안의 고객들은 심리적
으로 당황하여 판단력이 흐려지고 충동구매를 하게 되지."

그의 말이 맞아. 하루 종일 이곳에서 이리저리 돌아다니는 내가 봐도 이곳은 소
비자들을 혼란시키기 위한 수법들이 가득하지. 지금부터 내가 하나하나 알려
줄 테니 잘 들었다가 엄마한테 말해 주란 말이야.

일단 입구부터 남달라. 입구에는 시계가 없지. 그리고 매장 안으로 들어갈수록
매장 바깥 공간을 뚜렷하게 볼 수 있는 큰 창문이 없어. 바로 사람들이 매장 안
에서 시간가는 줄 모르게 하려는 전략이야. 사람들이 시간 개념을 잃게 하는 데
성공했다면 이제는 사람들이 충동구매를 할 수 있도록 도와줘야지. 바로 원래
매장에 온 목적을 잊게 하는 거야. 잘 생각해 봐, 매장에 올 때마다 입구 근처에
는 아무것도 살게 없거나 볼 만한 것이 없지 않았니? 그럼 사람들은 생각하겠
지. "음, 어디서 물건을 찾아야 하는 거지?" 그러면서 점점 매장 구석구석으로
들어가게 되지. 원래 마트에 온 목적은 잊은 채….

입구뿐만 아니라 매장 안에도 충동구매를 위한 복병들이 숨어 있어. 물론 모두
사람들의 심리를 이용한 것이지.

첫 번째 전략은 '착한 가격은 나쁜 가격 옆에.' 여러분 모두 'Bad cop, good cop (나쁜 경찰, 착한 경찰)' 전략은 들어 봤겠지? 바로 한 명의 경찰이 범인에게 화를 내다 사라지면 옆에 있는 또 다른 경찰이 그 사람에게 부드럽게 다가가서 본인이 원하는 바를 제시하는 거지. 그렇다면 범인은 상대적으로 착해 보이는 경찰에게 마음을 열게 되어 있어. 매장의 원리도 그와 같아. 착한 가격의 물건을 비싼 가격의 물건 옆에 배치하는 거야. 비싼 물건들을 마구 배치해 놓고 사람들이 "우와, 이걸 어떻게 사지?" 하는 멘붕의 감정을 느끼게 한 다음, 비교적 저렴한 상품들을 배치해 놓으면 사람들은 착한 가격에 심리적 안도감, 편안함을 느끼고 본인이 생각하지도 않았던 제품을 구매하게 되는 거야.

두 번째는 '불변의 오른쪽 *Invariant Right*' 이라는 심리학 이론을 이용한 전략이야. 대부분의 사람들은 나를 잡고 오른쪽 코너로 먼저 이동해. 대부분의 사람들은 오른손 잡이이고 따라서 사람들은 습관적으로 오른쪽으로 이동하게 되지. 공교롭게도 마트의 오른쪽 코너는 항상 사람들의 구매를 자극하는 제품들로 가득한데(*과연 우연인가, 의도적인 것인가?*) 고객이 꼭 봐야 하는 신제품이나 가장 자신 있는 제품들이 오른쪽 코너에 자리 잡고 있지. 과소비를 막고 싶다면 다음부터 본능을 거부하고 왼쪽 코너부터 먼저 이동하는 것이 어떨까?

마지막으로, 내가 지금 지나고 있고 또 수없이 지나온 이 통로에 대해 한마디 하지. 이곳 쇼핑몰의 통로는 어느 건물의 통로보다 넓어. 학교의 복도, 회사의 통로보다 말이지. 이것은 '엉덩이 부딪힘 효과 *Butt Brush Effect*'를 를 방지하기 위해서라고 할 수 있지. 엉덩이 부딪힘 효과는 사람들은 복도가 좁을수록, 부딪히는 사람이 많을수록, 본인이 여유롭게 상품을 구경하지 못할수록 구매욕구가 줄어든다는 심리학 이론이야. 사람들이 더욱 오랫동안 통로에 머물며 천천히 둘러볼 수 있도록 쇼핑몰의 통로를 넓게 하는 거지.

너는 생각하겠지, 그리고 그녀들은 생각하겠지. 자신이 원하는 곳에 멈춰 섰고 자신이 원하는 물건을 샀다고, 자신이 필요한 물건을 샀고 자신이 원하는 만큼을 샀다고, 그래서 잘~ 샀다고.

그러나 조심해라, 너의 마음을 움직이는 요소들이 지금도 내가 있는 이곳, 마트에는 곳곳에 숨어 있어. 그러니 다음번에 나를 보러 올 때는 마음 단단히 먹으라고!

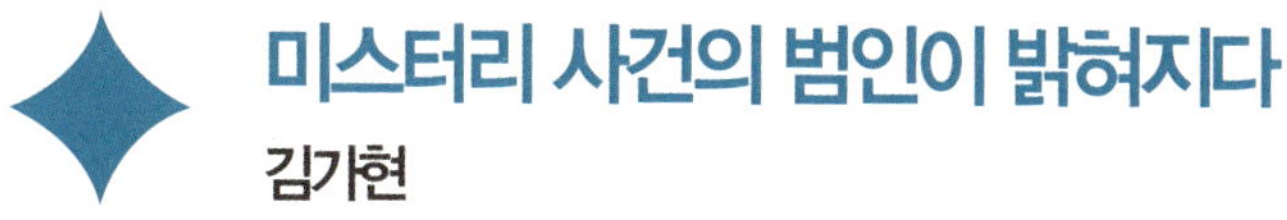

미스터리 사건의 범인이 밝혀지다

김가현

김가현

사건 현장 관찰 내용

2011.5.4 아침 9시 ~ 오후 6시

파릇파릇한 용인외고의 신입생이 된 지 얼마 안 되어 처음으로 창업대회에 나가게 된 8명의 용인외고 아이들. 대회에 참가한 모든 팀들은 처음으로 그날 아침 주제를 공지받는다. 이번 주제는 '자연재해'. 자연재해 관련 성공할 만한 아이템을 하루 만에 만들어 내일 발표해야 한다. 전혀 생각지도 못해 봤던 주제에 당황한 용인외고 팀원들은 일단 몇 시간 동안 조사를 하고, 하나둘씩 아이디어를 던지기 시작한다. 각기 다른 최선의 아이디어를 내 보지만 모두에게 확 와 닿는 아이디어는 좀체 나오지 않는다. 다른 팀들은 다음 단계로 넘어가고 있는데, 아이디어가 좀처럼 만족스럽지 않은 우리 팀원들은 아이디어 회의를 계속한다. 그리고 저녁까지 그 '멘붕' 같은 회의는 계속된다. 쭈욱~

2011.5.4 오후 7시 ~ 오후 8시 30분

웬만하면 이제 사업보고서도 쓰고 발표 준비도 해야 하는데, 팀원들은 아이디어를 하나 골라서 구체적으로 진행시킬 생각을 하지 않는다. 시간으로 봐서는 한 아이디어라도 골라서 일단 발표 준비를 해야 하는데 말이다. 여전히, 아이디어 회의는 지속되고 있다.

2011.5.4 오후10시 ~ 2011.5.5 새벽 5시

늦게서야 여러 아이디어 중 한 아이디어로 사업계획서 작성을 시작해 보지만 다들 하루 동안의 멘붕 회의에 녹초가 되어 있는 상태. 있는 힘 없는 힘 쥐어짜내면서 밤을 꼴딱 새 가며 사업계획서를 완성한다. 발표용 프레젠테이션은 데드라인 1분 전에 급박히 제출. 담당 조원 외에는 PPT가 어떻게 생겨 먹었는지도 모르는 상태. 발표할 멤버는 한 번도 리허설을 해 볼 여유 없이 일단 씻고 바로 호텔을 나온다. 미역 8줄기가 흐물흐물 다시 대회장으로 나갈 준비를 한다

2011.5.5 오전 11시

시간이 촉박했던 게 발표할 때 팍 팍 티가 난다. 나름 끝까지 노력했지만, 팀은 예선에서 탈락하게 된다. 밤까지 새면서 열심히 한 모든 조원들은 허무하고 실망스러운 얼굴로 예선장을 나온다.

사건의 의문점

시간이 없음에도 불구하고 왜 나름 똑똑한 용인외고 8명의 아이들은 계속 아이디어 회의만 붙잡고 늘어졌을까? 왜 위기를 예상하면서도 질질 끌다가, 결국 딱히 만족스러운 아이디어도 없이 시시한 아이디어 중 하나로 늦게 진행하는 어리석은 짓을 저지른 것일까? 왜 더 중요한 발표와 사업계획서를 미뤘는가아아!! 미스터리가 풀리지 않는다. 이 미스터리의 실마리는? 과연 범인이 있는 것일까?

실마리를 찾기 위해 팀원들의 머리에 기계를 장착시켜 그때의 생각들을 녹취해 봤다. 몇 년 전 기록이라 상당히 음질이 안 좋아 부분부분만 들렸다.

녹취 1

'---치직---치지직---이때까지 얼마나--- 아까워--- 지금 와서---'

녹취 2

'---해야 되긴 한데---지금까지 아이디어 낸다고 얼마나 많이---좀만 더 회의를--치직'

녹취 3

'획기적인 아이디어 안 나오면-치직---늦게까--치직--회의한 이유가--치직'

정확한 진단을 위해 전문가를 모셔 논의를 해 본 결과, 3개의 녹취록에는 공통적인 실마리가 있었다. '이때까지', '지금까지', '늦게까지'라는 말과 '아깝다', '좀만 더'라는 실마리로 보아 범인은 한 명인 듯했다. 좀 더 많은 심리 전문가들을 불러 조사를 해 보았더니 범인이 확실히 있는 것으로 밝혀졌다.

모든 아이들을 비이성적으로 만든 범인을 소환한다.

범인 이름 :

손실혐오(사람들이 이익을 얻는 것보다 손실을 보지 않으려는 쪽으로 결정하려는 심리)

범죄 내용 :

사람들이 손실을 극히 기피하게 만들어, 많은 사람들이 손해를 보면서도 희박한 가능성에 집착하게 함.

범죄 상세 진술 :

이번 사건에서 범인은 팀원들에게 '지금까지 한 걸 잃기 싫다. 지금까지 한 게 아깝다'라는 심리를 느끼게 만들었다. 결국 더 좋은 아이디어를 얻겠다는 작은 가능성에 집착해 더 중요한 걸 놓치게 만들었다. 합리적으로 생각하면 진행을 빨리 했어야 하지만 손실혐오의 유혹으로 질질 끌게 되었다.

전범 기록:

1) 각종 마케팅에서 쥐도 새도 모르게 소비자 심리 조절

어떤 가게 주인이 손님들이 카드보다는 현금으로 구매하기를 원했을 때, 현금으로 살 경우 1만 원, 카드로 살 경우 1만 1천원인 상품이 있다고 하면

① 현금으로 구매 시 1000원 할인 혜택을 드립니다.
② 신용카드로 구매 시 1000원의 추가 요금이 부과됩니다.

둘 중 어느 문구로 손님들에게 정보를 전달하는 게 효과적일까? 답은 2번이다.

물론 똑같은 조건이지만 '추가요금이 부담된다.'라는 손실 개념을 건드리면 소비자들은 '할인 혜택'이라는 이익 개념을 건드렸을 때보다 훨씬 민감하게 반응하기 때문이다. 실제 실험에서 2번으로 말했을 때 더 많은 구매자들이 현금으로 내기를 원했다고 한다.

2) 일상생활에서 많은 이들을 괴롭힘

서울 이모 학생은 시험 일주일 전, 모든 요소를 열심히 따져 보아 결국 국어 공부를 먼저 하는 게 효율적이라는 판단을 내렸다. 하지만, 갑자기 손실혐오 심리가 찾아와 '영어 쌤이 영어 어렵다고 했는데 먼저 해야 되나', '국어 이번에 쉽게 나오고 수학이 어려워지는 거 아닌가?' 하며 혹시나 모를 자그마한 가능성의 손실에 대해 비이성적으로 걱정을 하기 시작했다. 그래서 공부를 시작하기도 전에 에너지만 무지 소비하였다.

부산의 김모 학생의 진술에 따르면, 학생이 온라인 쇼핑몰에서 옷을 살 때 하나를 딱 정했음에도 불구하고 '다른 게 더 좋은 게 있는데 내가 못 본 게 아닐까' 하며 쓸데없는 서핑과 고민을 하였다.

범죄 해결 방법

우리는 살면서 가끔은 골치 아플 정도로 많은 기회를 만나게 된다. 그럴 때마다 범인은 접근한다. 이때 중요하지 않은 문들은 단호하게 닫는 것이 최고의 해결책이다. 하루하루, 아까운 시간인데 크게 중요하지 않는 문이 닫힌다고 그때마다 '아 아까워…' 하지 말고 내게 제일 중요한 문을 활짝 열고 나아가는 것에 집중하면, 범인은 오다가도 달아나게 된다.

혹, 나처럼 아직 나머지 문들을 꽝꽝 닫을 배포가 부족하다면 적어도 손실혐오라는 범인의 특성을 알고, 계속 점검하면서 조금씩 노력을 해 보는 게 좋다.

저번 달에 친구랑 UCC대회에 나간다고 시험기간 1주일 전까지 틈틈이 시간을 내서 영상을 만들었다. 하지만 영상 제출 하루를 남겨 놓고 여러 가지 이유로 우리는 그 대회에 이 영상으로 출전하지 않는 게 합리적일 거라는 판단을 내렸다. 물론 '내가 시험공부도 미루고 편집 다 했는데!!'라는 생각이 들면서, 아까워서라도 내 버릴까 하는 마음이 목구멍까지 차 올랐지만! 손실혐오라는 범인을 알고 나니, 잃을 게 아까워서 판단 내리지는 말자.'라는 생각이 떠올라 그 욕구를 잘 다스릴 수 있었다. 지금 와서 생각해 봐도 참 잘한 것 같아서 나름 뿌듯하다.

이상으로 사건 보고를 마치겠다. 위의 보고가 더 많은 이들의 생활에 도움이 되길 바란다.

정수경

알게 모르게 흘리는 돈

어제 새로 산 알람시계 소리에 깨어난 당신.

일어나자마자 세수를 하고 촉촉한 피부를 가꿔 주는 영양 크림을 얼굴에 듬뿍 바른 뒤 식탁으로 가서 TV에서 걸 그룹 A양이 선전하는 다이어트 시리얼을 한 그릇 먹습니다. 요즘 유행하는 카키색 점퍼를 옷장 안에서 꺼내 입은 뒤 모처럼 친구들과 놀기 위해 지하철을 타고 약속 장소로 향합니다.

드디어 도착한 모 여대 앞.

어제 사기로 생각해 놓았던 회색 후드 티를 쉽게 구하고 점심을 먹으려 하는데…. 길 위에서 빛나는 초록색 지폐! 미소를 한 번 지은 뒤 얼른 가서 줍습니다.

친구들은 옆에서

"이리 와 봐~ 여기 진짜 예쁜 하늘색 치마 있다!"

라고 말합니다.

자꾸 입어 보라는 친구들의 성화에 못 이겨 한 번 입어 봤는데 피팅 모델마냥 딱 맞습니다.

"뭐 돈도 있는데 그냥 살까? 어차피 주운 돈인데 뭐."

"응! 너 이거 입으면 진짜 예뻐!"

결국엔 생각하지도 않았던 치마를 길에서 주운 1만 원에 당신의 돈을 조금 보태 삽니다.

약간은 못 미더운 이 느낌….

예시에 나오는 학생의 상황에서 알람시계, 영양 크림, 다이어트 시리얼, 카키색 점퍼, 회색 후드 티, 하늘색 치마 모두 '소비'의 대상이다. 그 중 오늘 사려고 계획해 둔 건 회색 후드 티밖에 없는데 생각조차 하지 않았던 하늘색 치마까지 구입했다. 만약 돈을 줍지 않았더라도 1만 원이 훨씬 넘는 이 치마를 샀을까?

사람들은 돈을 쓸 때 자신만의 회계장부를 계정한 다음 이익과 손실을 계산한다. 사람들이 통상적으로 돈과 관련된 선택을 내릴 때는 합리적인 심사숙고 단계를 거치지 않을 가능성이 높다. 이미 마음속에 존재하는 어떤 틀의 범위 안에서 선택을 내리게 된다는 것이다. 위의 치마 이야기에 관련된 심리적 회계는 '

제목 없는 돈'의 원리이다. 의미가 부여된 돈은 사람들이 쓰기를 아까워하는 반면 위의 예시처럼 주운 돈이나 공돈인 경우 쓰기 쉬워한다는 말씀.

만일 하루 종일 알바를 해서 5만 원을 벌었다고 생각해 보자. 친구들과 레스토랑 가서 한 번에 써 버릴 수 있을까? 여러분은 열심히 일해서 번 신사임당 지폐는 한 번에 써 버리기 아깝다고 생각할 것이다. 이번에는 반대로 길가에서 5만 원을 주웠다고 가정해 보자. 이럴 경우 한 번에 다 쓸 가능성이 심리학적으로 높다고 한다.

주워서 생긴 돈이 열심히 번 돈보다 기회비용이 낮다고 생각한 나머지 지출을 너무 쉽게 결정해 버리는 매몰비용오류*sunken cost error*를 범하게 된다. 이렇게 의미가 부여된 돈과 그렇지 않은 돈은 같은 금액일지라도 심리적으로는 다른 비용으로 다가온다. 힘들이지 않고 로또에서 돈을 많이 번 사람이 그만큼 돈을 쓰기 쉬운 것도 같은 이치다.

이와 비슷한 개념으로 우리는 비율에 의한 판단을 내리기도 한다. 전체 금액에서 차지하는 비율이 적으면 그 금액의 수도 적다고 생각하는 것이다.

만약 우리가 A 상점에서 주방 기구를 산다고 치자. 여기서는 20만 원에 살 수 있지만 여덟 블록 떨어진 B 상점에서는 15만 원에 살 수 있다. 그렇다면 어디를 갈까? 당연히 B 상점으로 가겠지? 20만 원과 15만 원은 '5만 원이나' 차이가 나니까 말이다.

또 한 가게에서 가구를 200만 원에 살 수 있다고 한다. 그리고 똑같이 여덟 블록이나 떨어진 다른 가게에서는 역시 5만 원 내린 가격인 195만 원에 가구를 살 수 있다. 그렇다면 어디로 갈까? 두 번째 가게에 가겠다는 사람도 있겠지만 '200만 원에서 5만 원쯤이야 뭐' 하는 사람도 있기 마련이다. 이 이야기에서 200만 원과 195만 원은 '5만 원밖에' 차이가 나지 않는다.

우리는 돈을 일정한 비율에 의해 판단한다는 것이다. 따라서 같은 5만 원이라도 한 상황에서는 크게 느껴지고 또 다른 상황에서는 아무것도 아닌 것처럼 느껴진다. 돈이 심리적으로 다르게 쓰이고 있는 것이다. 여기서 우리는 마음속의 회계장부에, 즉 이미 만들어 놓은 틀에 의해 돈을 사용하게 됨을 알 수 있다.

사람들은 같은 돈이라도 그에 따른 비용을 다르게 보는 바보 같은 판단을 하기도 한다. 예를 들어 우리가 1억짜리 집을 9800만 원에 구입하는 것과 1만 원짜리 우산을 5천 원에 구입하는 것을 예로 들 수 있다. 우리는 전자에서 돈을 더 아낄 수 있지만 후자에서 기분이 더 좋음을 느낀다. 또, 부모님들이 차를 살 때 부속품으로 몇 십만 원이 되는 내비게이션은 쉽게 사지만 1천 원에서 3천 원으로 오른 배추는 선뜻 사지 못하는 것도 예로 들 수 있다.

나는 동생 생일 선물을 사려고 인터넷에 주문했을 때 정확히 1만 원을 맞추기 위해서 꼭 필요하지 않은 물건을 산 경우가 있다. 실상 물건을 하나 더 사게 된 것이다. 배송비를 내지 않기 위해서 몇 천 원을 더 썼다. '몇 천 원쯤이야' 하며 자투리 돈을 모으지 않고 쉽게 써 버리는 것처럼 어리석은 일은 없다. 알게 모르게 이렇게 흘리는 돈이 생각보다 많다는 사실! 우리 모두가 항상 조심해야 할 부분이다.

900과 1380 사이

우리가 가방 하나를 구입하기 위해 지출할 수 있는 돈은 얼마일까? 우리나라에 몇 없는 K정장 매장에서 흔히 볼 수 있는 광경을 글로 옮겨 보았다.

"안녕하세요, 고객님. 어떤 제품 보고 계세요?"

"남성 정장 좀 보려고 하는데요."

"이쪽으로 오세요."

수십 벌의 정장이 정돈된 옷걸이들이 펼쳐진다.

"어느 색상을 원하시죠?"

"기본으로 보고 있는데… 검정이에요."

"네, 기본 제품들은 이쪽이에요."

"이거 한 번 볼 수 있어요?"

"네. 한 번 입어보시겠어요?"

"가격대가…?"

"1380만 원입니다."

"저 옆에 거는요?"

"저건 조금 더 가격이 내려가요. 1190만 원입니다."
"다른 거는요?"

"제일 기본 정장이 900만 원대라고 생각하시면 돼요."

'아, 저건 좀 괜찮네?'

위의 소비자가 K 매장에서 보게 된 가격대는 900만 원에서 1400만 원 사이의 고가 제품이다. 그러나 마지막 900만 원대의 제품을 보고 소비자는 착각에 빠진다. 거의 모든 제품이 1000만 원이 훌쩍 넘는 곳에서 900만 원의 가격은 상대적으로 저렴해 보인다.

물론 우리나라 R브랜드와 P브랜드에서는 50만 원 안팎의 옷을 살 수 있다. 1000만 원대가 기본인 고가 브랜드의 정장보다 훨씬 저렴한 가격을 자랑하지만 K매장 안에서는 900만 원은 평균보다 훨씬 내려간 가격이 되는 것이다. 이는 명품 브랜드들이 최고가 가격을 높게 잡음으로써 적당히 높은 가격을 저렴하거나 지불하기에 합리적이라고 생각하게 만드는 심리학이다. 따라서 사람들은 명품이 아닌 저렴한 매장을 찾을 목적으로 나왔음에도 불구하고 명품 매장에서 상대적으로 저렴한 가격을 보게 된다면 그 제품을 구입하게 된다.

그리고 이런 높은 가격 상한선을 가장 잘 표현하는 것은 잡지이다. 광고의 일종인 잡지에서는 각종 명품 브랜드들이 활개친다. 명품 화장품을 시작으로 액세서리까지 모두 높은 가격을 자랑하는데 이는 고가의 제품들을 출시함으로써 이보다 낮은 가격은 소비자들에게 심리적으로 부담이 덜 되도록 하는 것이다. 결국 소비자들은 합리적인 가격 기준을 새로 정하게 되고 이는 소비 가능한 가격을 기존의 가격보다 훨씬 높여 잡게 한다.

잡지의 시작과 마지막은 광고로 도배되어 있다. 보통 여성 화장품 광고로 많은 독자들의 이목을 끈 뒤 명품 의복과 시계, 가방 등을 선전한다. 하지만 이 모든 광고들이 앞서 말했듯이 우리의 '눈'을 높이는 역할을 한다는 사실을 잊지 말아야 한다.

예를 들어 비행기에서 자주 볼 수 있는 면세점 잡지는 고가의 제품들을 한군데에 모아 놓음으로써 소비자들이 가격 상한선에 대한 새로운 개념을 정립하게 한다. 높은 가격표를 보고 물건을 구입하지 않는 사람들도 있지만 1000만 원의 정장 옆에 같은 브랜드에서 나온 100만 원짜리 벨트가 있다고 하면 소비자들은 100만 원이 그다지 큰돈이 아니라는 생각을 갖는다. 실제로 명품 매장에서 효자인 상품들은 가방이나 정장 등이 아닌 벨트나 향수와 같이 상대적으로 가격이 낮은 상품들이다. 따라서 '값이 낮아 보이는' 상품들이 사람들의 구매 효과를 높이는 것이다.

명품 브랜드들의 이런 속임수에 넘어가지 않기 위해서는 적어도 자신만의 합리적인 가격대를 정하고 물건을 구입한다. 자신만의 확실한 가격대를 정한 다음 물건을 구입한다면 이런 광고에 흔들리지 않고 합리적인 소비를 할 수 있다.

우리는 미디어의 유혹에 빠져들기 쉽다. 앞서 설명했듯이 우리의 소비 성향에는 잡지와 같은 '미디어'가 굉장히 큰 영향력을 미친다. 이제라도 구매 의사를 정하는 주체가 미디어가 아닌 우리 자신이 되어야 한다. 우리와 같은 학생들이 900만 원대의 고가 정장을 구입할 일은 없겠지만 합리적인 소비를 위해서는 고가의 물건이 아니더라도 자신만의 가격 상한선을 정한 뒤 구입하는 습관을 들이자.

합리적인 소비생활을 위해선 자신이 느끼는 감정보다는 이치에 맞게 생각하는 힘이 필요하다. 우리는 자투리 돈이 남았다고 그 기회비용이 조금이라 생각하고 필요하지도 않은 곳에 돈을 쓴다든지 공돈이 들어왔다고 기회비용이 없는 것으로 착각해서 아무렇게나 써 버리는 습관, 지갑에 1천 원이 남았을 때 쉽게 군것질거리를 사 버리는 행동 등을 조심해야 한다. 작은 금액이라도 그에 따른 기회비용은 항상 존재하기 때문이다. 또한 우리 마음속의 회계장부가 마음대로 비율에 의한 판단을 하지 않도록 이성적인 마인드를 갖춰야 한다.

참고

1. http://article.joins.com/news/article/article.asp?total_id=2326566&cloc
2. http://blog.daum.net/sc7lee/17197

7

엄마보다 더 자주 만나는 SNS

페이스북 뒤집어보기 김가현

나의 분신 신애경

안 보면 후회할 걸? 허정현

페이스북 뒤집어보기

김가현

다음은 페이스북 이용자라면 흔히 볼 수 있는 게시글이다.

김빙수

오늘 서현이랑 만나서 오레오 빙수 먹고 옴~~ 인증샷~ㅋㅋ
대박 맛있음♥ 담에 또 먹장 With. 김서현

이열심

와~ 오늘 내내 우리 팀 모임 하느라 수고했음! 다음에 더 연습해서
대회 잘하자!! 오늘은 밤새서 번역하고 자야 될 듯. ㅠㅠ

너무나 평범한 이들의 글은 사실 우리의 마음에 대해서 많은 사실을 말해 준다. 무슨 사실을 말해 주냐고? 눈 크게 뜨고 나와 함께 한번 다시 보자. 자신은 그렇지 않다고 부인하고 싶어도, 마음속 깊숙이 이런 심리들이 작용한다는 것, 어쩔 수 없이 인정하게 될 것이다.

먼저 빙수와 함께 활짝 웃는 자신과 친구의 얼굴이 담긴 사진을 올린 김빙수 양의 속마음이다.

김빙수

내가 맛있는 빙수를 먹었는데 자랑하고 싶어. 게다가 이 셀카 너무 잘 나왔음. 그리고 내 친구들이 '좋아요'를 클릭해 주면, 사람들이 내 소소한 일상에 관심 가져 주는 것 같아서 기분이 좋아. 그런데 그냥 올리면 뻘줌할 수 있으니까 서현이를 태그해서 '다음에 또 먹자'라는 훈훈한 메세지를 넣어야지.
사실 그럴 거면 서현이한테 개인 메시지로 보내도 되지만 말이지. 친구들이 얼마나 '좋아요'를 눌러 줄까?

대부분의 페이스북 사용자들은 남들에게 관심을 받고 이해받는 것을 행복해한다. 서울 소재 S대학교 재학생인 현모 씨도 다른 사람의 인정을 받기 위해 페이스북을 하는 사람 중 하나다. "사람들이 저에게 관심 갖는 것 자체가 행복해요. 소소한 것까지 다른 사람들이 알아 주었으면 좋겠어요. 남한테 인정받는 느낌이잖아요? 사진이나 글 올릴 때마다 관심도 받고, 다른 사람보다 제 글에 댓글이 많을 때 뭔가 승리감도 생기고. 어느 때는 이런 나를 다른 사람이 어떻게 볼까 싶어 무섭기도 하지만 끊을 수가 없네요."라고 그는 말했다.

김빙수 양은 페이스북을 하는 사람들의 관심 받고 싶은 기본적인 심리를 잘 보여 준다. (사실, 나도 지금 돌아보면 많은 게시물과 사진들을 이런 심리에서 올린 것 같다. 민망하지만 인정할 수밖에 없다.)

다음은 대회를 함께했던 팀원들에게 응원을 한 뒤 벅찬 스케줄이 얼마나 힘든지에 대해 언급한 이열심 군의 속마음이다.

이열심

내 여름방학 활동 중에서 가장 멋있고 활동적이었던 게 이 대회 준비란 말이지. 내가 이렇게 열심히 사는 사람이란 걸 타임라인에 올려놔야지. 수고했다는 글을 우리 그룹이 아닌 타임라인에다 공개적으로 올리는 이유를 알겠지? 그리고 은근히 내가 번역이라는 멋있는 일을 열심히 하고 있다는 것도 알려 줘야지. 좀 스마트해 보이니까. 사실 이번 방학 때 진짜 딴 짓도 많이 하고 그랬는데….

하버드대학교의 심리학자인 댄 길버트는 우리가 소셜미디어에서 자신의 모습이 실제 정체성보다 가상의 정체성으로 보이기를 원한다고 말한다. 그리고 그 모습은 대부분 우리가 지향하는 모습일 경우가 많다고 한다. 이열심 군이 자신의 열심히 사는 모습만 보여 주는 것도 자신이 좀 더 멋지게 사는 학생이 되고 싶다는 욕구를 반영한 것이다. (나도 이번 여름방학 때, 재미있고 신나게 했던 활동 사진만 올리고 나의 잉여로운 컴퓨터 생활에 대해선 전혀 언급하지 않았다. 그것도 내심 활동적이고 멋있는 사람이라고 믿고 싶은 내 심리 때문이었나 보다. 그리고 온갖 효과로 더 멋지고 예쁘게 만들어진 내 사진들을 페이스북에서 보고 있노라면 내 추억까지 미화되는 느낌이 들 때도 있다.)

게다가 이런 '미화'작업은 타인에게 열등감과 우울함을 줄 수도 있다. 게다가 남들이 미화해서 올린 글들을 보면서 정작 자신도 부러워하고 우울해한다는 것이다. 특히 페이스북에는 실제로는 잘 알지 못하는 친구들도 많기 때문에 그들의 삶에 대한 글은 더 비현실적으로 행복해 보인다고 한다.

실제로 2011년 스탠포드대학교의 심리학과 박사과정이던 알렉스 조단이 대학생들을 대상으로 조사해 본 결과, 많은 사람이 그렇게 느끼고 있음을 밝혀 냈다. 대학생들은 SNS를 사용하면서 '남들은 멋지고 즐거운 인생을 사는 것 같은데 나만 형편없는 상황인 듯하고, 내 글에만 '좋아요' 나 댓글이 별로 달리지 않는 것 같고, 관심도 못 받는 것 같다'는 생각을 했다.

이런 면들을 포함해서 페이스북 곳곳에는 우리의 욕구가 깔려 있다. 어느 정도의 나르시시즘과 약한 관음증, 애정결핍과 새로운 정보를 놓쳐서 사회적으로 도태되고 싶지 않다는 욕구까지. 처음에는 왜 하는지 이해가 잘 안 되었던 페이스북을 내가 중독이라 불릴 만큼 계속 하는 이유가 다 이런 심리적 요인 때문인 듯 하다.

덧붙여서, 그 중에서 내가 개인적으로 가장 심각하다고 생각하는 건 페이스북을 하면서 나보다 주변에 신경을 많이 쓰게 된다는 점이다. 자신만의 시간을 가지고 명상하기보다는 틈만 나면 남들이 무슨 사진을 올렸는지, 다른 사람의 생활을 계속 지켜보다 보니 내 삶에서 나에 대한 집중도가 떨어지고 있음을 느낀다.

그렇다고 이제 너무나 중요한 공간이 되어 버린 페이스북을 아예 차단하기는 어렵다. 페이스북이 우리에게 가져다주는 장점도 많다. 페이스북 덕분에 다양한 사람들과 교류를 하면서 유용한 정보를 얻을 수 있고, 각종 페이스북 그룹들이 좋은 그룹 활동의 터전이 되기도 한다. 그렇다면 어떻게 해야 할까? 우선, 이런 식으로 자신의 행동들에 대해서 문제의식을 느끼는 데서 출발해야 할 듯하다. 사실 이 글을 쓰기 전까지 별 생각 없이 했던 페이스북 활동도 내가 어떤 심리에서 했는지 생각해 보고 나니, 내가 페이스북에 의존하게 되는 이유를 객관적으로 볼 수 있었다.

마지막으로 많은 전문가들이 말하는 팁에 따르면, 가능한 한 정말 친한 사람들과 친구를 하고 적정 수 이상으로 친구가 늘어나지 않게 한다. 마드리드대학교의 곤 칼브스 교수는 친구 숫자가 354명을 넘어서면 페이스북으로 인해 우울해지는 경향이 커진다는 것을 알아냈다. 그 정도 친구 수를 보유하게 되면, 온라인 친구에 대해 정확한 상태나 배경을 인지할 수 없는 경우가 늘어나 오히려 앞에서 언급한 심리적 부작용이 커진다고 한다.

소셜미디어 특히 페이스북, 피할 수 없다면 똑똑하게 즐기자!

참고
1. http://goham20.com/1841

나의 분신

신애경

지금쯤은…. 와 있겠지…?

어둠 속을 환하게 밝히는 스마트폰 화면. 나는 순간적으로 눈을 찡그리지만 여느 때와 같이 능숙하게 검지손가락으로 잠금을 풀고 인터넷에 접속한다.

11:45pm

괜찮아, 이거 하나만 확인하고 다시 자면 되지, 뭐.

하지만 기다리던 메시지가 오지 않았음을 알게 된 순간, 폰을 켠 의미는 사라졌다. '이런…'이라는 아쉬운 심정은 잠시일 뿐. 나는 이를 핑계로 다른 친구들이 페이스북에 올린 글을 쭉 읽어 본다.

'에이, 아까랑 별로 달라진 게 없네.'

라고 생각하며 로그오프를 하는 순간 또 내 머릿속에는

'아, 이대로 폰을 끄는 건가… 쩝.'

이라는 생각이 맴돈다. 그때 마침,

아! 이쯤이면 〈닥터 프로스트〉(수요일 웹툰 중 심리학과 관련된 웹툰)가 나왔을 거 야!

라는 생각이 떠오른다. 옆에서 폰 좀 끄라고, 빛 때문에 못 자겠다고 투덜거리는 여동생의 목소리가 들려오지만 나는 열심히 업데이트 된 웹툰 속을 달린다.

웹툰을 다 본 후에는 또 공허해지는 마음을 채우기 위해 네이버 검색창에 뜬 인기 검색어를 한 번씩 클릭해 보고 이도 다 한 후에는 오늘 무슨 일이 있었는지 뉴스 헤드라인도 확인한다. 마지막으로 카카오톡을 한 번 열어본 뒤 별로 달라진 게 없음을 확인하고 드디어 홈 화면으로 돌아온다.

2:20am

시간을 확인하고 뜨거워진 폰을 침대 옆 책상에 살며시 놓는다. 책상으로부터 등을 돌리고 눈을 꼭 감아 보지만 아직 눈앞에서는 폰 스크린의 밝은 빛이 아른거린다.

나는 알고 있다. 스마트폰 세계에서 내가 누릴 수 있는 흥미는 제한되어 있음을. 하지만 이를 알면서도 어느 순간부터 그 세계로부터 자유로워질 수 없게 되었다. 나의 스마트폰은 나의 mp3이며 사전이며 카메라이며 정보통이며 친구들과의 연결고리이며 일기장이며 추억이 담긴 보물상자이며 PC방이다. 나의

스마트폰은 절대로 떼어 낼 수 없는, 그리고 떼어 내고 싶지 않은 나의 분신이
되어 버렸다.

고등학생이 된 이후 지하철을 많이 이용하게 된 나는 지하철에 탄 대부분의 사
람들이 스마트폰 화면을 들여다보는 것을 자주 목격한다. 나 또한 그들을 따라
폰으로 음악을 듣거나 메시지를 확인하면서 스마트폰을 손에서 내려놓지 않는
다는 것도.

이처럼 오늘날 우리 삶 속에서 스마트폰의 비중이 날이 갈수록, 그리고 스마트폰
의 기능이 늘어날수록 커져 가는 것 같다. 이는 더 이상 변화에 쉽게 적응하고 기
계를 상대적으로 잘 다루는 젊은 세대만의 문제가 아니라는 생각까지 든다. 인터
넷 중독, 알코올 중독, 마약 중독, 그리고 도박 중독이란 4대 중독에 이어서 '스마
트폰 중독'이 새롭게 등장하고 있을 만큼 꽤나 심각한 사회 문제가 되어 가고 있
다.

"술, 담배, 마약 중독과 스마트폰 중독은 차원이 다르잖아!"라고 외칠 수 있
다. 맞다. 전자와 후자는 다르다. 하지만 결론적으로 둘 다 어떠한 행위의 반
복으로 인해 중독 신경계에 안 좋은 영향을 주는 것은 같다. 어떠한 행위
에 중독이 되면 우리는 신체적 의존성*Physical Dependency*과 심리적 의존성
*Psychological Dependency*을 가지게 되기 때문이다. 이 두 가지 의존성 중 이 글
에서는 심리적 의존성에 대해서 좀 더 초점을 맞춰 보겠다.

심리적 의존성의 사전적 의미는 '계속 사용하려는 욕망과 그 욕망을 억제할 수
있는 능력의 부재'이다. 얼마 전까지 나는 폰을 켜면 바로 페이스북에 접속할
정도로 페이스북 접속이 습관화되어 있었다. 이는 바로 내가 페이스북에 대한
심리적 의존성이 있음을 나타낸다. 전문가들은 정상적인 감정 조절 능력과 이

성 판단 능력을 기르는 매우 중요한 청소년기에 '페이스부킹 *Face Booking* '과 같은 어떠한 행위에 중독되어 심리적 의존성을 가지게 되는 것은 매우 위험하다고 말한다. 정서적, 신체적 문제를 발생시킬 뿐만 아니라 뇌의 활동 영역을 좁혀서 뇌의 정상적 발달을 지체시키기 때문이다.

스마트폰에 심리적 의존성을 가지게 되어, 몇 십 분 동안 스마트폰을 붙잡고 있던 적이 있는가? 그리고 이때 머리가 띵하고 왠지 뇌세포가 죽는 듯한 느낌이 든 적이 있는가? 그 느낌을 믿어도 좋을 것 같다. '팝콘 브레인'이라는 표현이 쓰일 만큼 스마트폰의 지나친 사용은 우리들의 뇌에 안 좋은 영향을 준다. '팝콘 브레인'이란 속도가 느린 현실 세계보다 즉각적인 정보를 습득할 수 있는 온라인 세계에 계속 빠져 살다 보니, 강하고 빠른 자극에만 반응하게 된 우리들의 뇌를 가리키는 말이다.

이처럼 과도한 스마트폰의 사용은 우리 뇌의 구조까지 변화시킨다. 혹시 주변 친구들 중에 이메일, 페이스북, 웹툰, 게임 등의 인터넷 페이지를 여러 개 띄워 놓고 동시에 작업을 진행하는 사람이 있는가?
언뜻 보면 '우와, 대단하다.'라고 생각할 수도 있지만 전문가들은 이렇게 온라인 상으로 멀티태스킹 *Multi-Tasking* 하는 일이 우리 뇌에 부작용을 일으킨다고 말한다. 미국 CNN뉴스 보도에 따르면 이렇게 전자 기기의 멀티태스킹에 익숙해 질수록 현실 감각이 떨어지는 방향으로 뇌의 구조가 바뀌기 때문이다.

"그 놈의 스마트폰! 그만 좀 하지?"

하루에 한 번씩은 듣는 듯한 엄마들의 흔한 잔소리. 평상시에는 한 귀로 듣고 한 귀로 흘려보내던 이 말이 사실상 매우 타당한 말이라는 것이다.

나는 고3이 되어서야 스마트폰을 사용하게 되었는데, 스마트폰을 사용하게 된 이후에 느낀 점이 딱 두 가지가 있다. 하나는 지금 사용하는 스마트폰이 그 전에 사용하던 2G폰보다는 훨씬 편하다는 것이고 두 번째는 그만큼 핸드폰으로부터 나를 분리시키는 게 확실히 힘들어졌다는 것이다. '중독' 수준까지는 아니더라도 핸드폰이 없어지면 '어떡하지?'라는 생각이 들기도 하고 필요가 없는데도 괜히 인터넷에 접속하는 모습을 종종 발견한다.

스마트폰 중독, 매우 심각한 문제다. 이는 특히 뇌의 발달이 매우 중요하게 이루어지고 있는 청소년기에 특히 그렇다. 그러니까 '지금쯤이면 카톡이 와 있을 거야!'라고 생각하고 핸드폰을 잡는 순간, 과연 카톡이 정말 왔을 거라고 믿어서 그러는 건지, 폰을 수시로 확인하는 게 습관화되어서 그런 건지 생각해 볼 필요가 있다. 스마트폰은 독을 품은 나의 분신이다. 이 분신이 나에 대한 주체성을 빼앗아 가지 않도록 폰 사용을 스스로 자제하는 마음가짐을 가져야 될 것 같다.

참고

1. ttp://terms.naver.com/entry.nhn?cid=3437&docId=1718506&mobile&categoryId=3437

2. http://news.khan.co.kr/kh_news/khan_art_view
html?artid=20130619162340
5&code=900303

3. http://news.sportsseoul.com/read/life/1194028.html

4. http://blog.naver.com/youngdisplay?Redirect=Log&logNo=60196609722

안 보면 후회할 걸?

허정현

Yeah, 여기 '미드', 일명 '미국 드라마' 보는 사람 모두 PUT YOUR HANDS UP! 오, 다들 많이 보는 구나, 그런데 어떤 미드를 보지?

와인 맛을 제대로 알기 위해선 소믈리에를 찾아가면 되고, 박물관 속 전시된 작품들을 제대로 이해하기 위해선 큐레이터에게 가면 된다. 그렇다면, 기분이 꿀꿀한 오늘 밤, 지친 나의 심신을 달래기 좋은 미드를 고르기 위해선 누구를 찾아가야 한단 말인가! 넓고도 넓은 드라마의 바다에서 우리는 어떤 드라마를 골라야 할지 막막할 때가 있다. 그렇다, 우리에게는 드라마 가이드가 필요하다! 그리하여 오늘은 10여 년간 장르 불문 드라마를 시청해 오신 허빵이가 일일 드라마 가이드로서 여러분의 영혼을 울릴 미드 2편을 선사하고자 한다!

두구두구두구! 오늘은 심리학과 학도들이 총 출현하는 미드를 한편 시청하는 것이 어떠한가! 아니 잠깐잠깐, 심리학 미드라고 해서 벌써 그런 표정 짓지 말고. ㅠㅠ 내가 장담하건대 이 미드들은 잘생긴 출연진으로 우리 눈을 즐겁게 해줄 것이고, 예상치 못한 수사기법으로 우리의 뇌에 짜릿한 전기 충격을 줄 것이며, 시즌이 거듭될수록 탄탄한 스토리로 우리의 마음을 사로잡을 것이다. 그리고 빠질 수 없는 매력 한 가지 더! 심리학 미드는 '사람을 읽는 법'을 배울 수 있는 최적의 교과서라는 사실.

자, 그렇다면 상대의 심리를 파악할 수 있게 하고, 나의 마음을 채워 줄 심리학 미드들을 즐길 준비가 되었는가? 지금 바로 출발!

1. LIE TO ME

장르	제작	시즌
범죄 수사 드라마	Sameul Baum, USA	시즌 1 : 2009.01.21 시즌 2 : 2009.09.28 시즌 3 : 2010.05 총 48부작 (현재 제작 종료)

허빵이가 말하는 꼭 시청해야 할 대박의 Episode	난이도
Season 1 - Ep. 5	1. 스토리 뇌 회전 속도 ★★☆☆☆ (스토리 이해 지수) 가끔 사건 해결 실마리를 찾았다고 캐릭터들은 좋아하는데 복잡한 스토리 구성으로 인해 나는 이해가 안 돼 멍~때리고 있다. 2. 캐릭터 눈 호강도 ★★★☆☆ 메인 캐릭터 라이트만 박사는 장신도 아니고 꽃미남도 아니고 심지어 유부남이지만, 그의 엉뚱한 행동과 영국식 악센트는 보고 또 봐도 재밌다. 3. 심리학 정보 놀람도 ★★★★★ 마약 탐지견보다, 거짓말 탐지기보다 거짓말을 더 잘 찾아낼 수 있다면 바로 이 미드다

가장 쉽게 범인을 찾아 낼 수 있는 방법은 무엇일까? 바로 범인에게 '물어보면' 된다. 아니면 범인을 알고 있는 사람들에게 '물어보면' 된다. 그것도 아니면 범행을 지켜본 사람들에게 '물어보지 뭐~' 아니, 그렇게 쉬우면 수사는 왜 진행되냐고? 그 사람들의 말이 다 사실인지 알 수 없다고? 그것은 중요하지 않다. 〈LIE TO ME〉의 칼 라이트만 박사는 그들이 말하는 바가 아닌, 그들의 얼굴이, 표정이, 몸이 어떻게 말하는지를 통해 진실을 얻는다. 그리고 곧 진실은 범인을 지목한다.

'표정은 거짓말하지 않는다.' 를 신조로 삼는 라이트만 박사는 아프리카에서 3년 동안 원주민들과 함께 살아가며 얼굴 표정을 연구했다. 그리고 돌아온 그는 '미세 표정'을 통해 사람들의 본심을 파악한다. 미세 표정 *Micro Expression*은 사람의 얼굴 근육이 0.2초 사이에 자신의 의지와 무관하게 사람의 감정을 표현할 때를 말한다. 사람은 거짓말을 할 수 있지만, 나라와 민족에 관계없이 보이는 이 미세 표정은 숨길 수 없는 것이다. 공포뿐 아니라 우리의 놀람, 기쁨, 경멸 등 진심을 보여 주는 모든 감정들을 미드 〈LIE TO ME〉에서 적나라하게 찾아내고 있다.

미드 속에서 라이트만 박사는 FBI를 도와 사건을 해결하게 되는데, 그가 보는 것이 바로 사람의 표정, 사람의 행동이다. 실제 라이트만 박사의 롤모델이 된 사람은 바로 폴 에크먼 교수이다. 비언어 의사소통 전문가 폴 에크먼 교수는 얼굴 움직임 해독법 *FACS: Facial Action Coding System*을 개발해 냈고, 거짓을 말할 때 표정뿐만 아니라 나이, 성별, 인종에 관계없이 보편적으로 나타나는 슬픔, 놀라움, 두려움, 역겨움, 업신여김 등의 감정들이 일으키는 표정을 연구했다. 국내에도 ≪얼굴의 심리학≫, ≪거짓말 까발리기≫와 같은 그의 저서들이 번역되어 있다. 언젠가 남자친구가 거짓말을 하는지 알아내야 할 결전의 날이 오면, 이 책들을 집어 드는 것이 좋겠다.

2. THE MENTALIST

장르	감독	시즌
경찰 수사 코메디	Bruno Heller, USA	시즌 1 : 2008.09.23 ~ 시즌 5 : 2012.09.30 총 112부작 (현재 스토리 진행 중)

허빵이가 말하는 꼭 시청해야 할 대박의 Episode	난이도
Season 1 - Ep. 5	1. 스토리 뇌 회전 속도 ★★★★☆ 잘생긴 사이먼 베이커의 얼굴에 한눈 팔려 있지 않는 이상, 내용 이해는 술술~ 2. 캐릭터 눈 호강도 ★★★★★ 그러나 이 미드는 사이먼 베이커가 나온다는 사실. 그의 미소, 그의 위트, 달려가 안기고 싶도록 넓은 그의 어깨, 그리고 생각에 잠긴 모습은 에피소드 8편을 하루 만에 보게 만든다는 전설이 있다. 3. 심리학 정보 놀람도 ★★★☆☆ 사람의 행동, 주변 사물을 통해 심리를 알아맞히는 모습을 보여 주지만, 정작~ 실제로 내가 어떻게 활용해야 할지 구체적인 방법은 사이먼 베이커 혼자만 알고 시청자들한테는 잘 안 가르쳐 준다. 쳇

페트릭 제인(극 중 사이먼 베이커)은 한때 가짜(?) 심령술사로 활동하던 FBI의 자문위원이다. 그가 실제로 영적 인물들과 소통을 하는지는 알 수 없으나 확실한 것은 그가 사람들의 무의식적인 행동, 그들의 주변 환경의 디테일에서 사람의 마음을 읽어 낸다는 것이다. 그가 사건을 해결하고 동료들과 범인들을 골탕 먹이는 것을 보고 있노라면, 정말 나에게 필요한 것은 영혼을 보는 능력이 아닌,

사람을 관찰하고 디테일을 읽어 내는 힘이라는 것을 알 수 있다.

그 사람을 자세히 보는 것만으로도 그 사람이 어떤 선택을 내리고 어떤 생각을 하는지 알 수 있다니, 한 번 Mentalist[3]가 되어 볼 만하지 않은가?

그가 매번 활용하는 '상대파악 방법' 중 하나는 바로 '스누핑 *Snooping*' 이다. 샘 고슬링의 〈스눕〉에서 스누핑은 상대방을 만나지 않고 그 사람의 생활공간, 소지품 등을 통해 그 사람의 성향을 파악하는 방법이라 소개한다. 시즌 1, 에피소드 1에서 패트릭은 피해자 집에 아무렇지 않게 들어가 능청스럽게 냉장고 속에서 샌드위치를 꺼내 한입 베어 물더니 냉장고 위의 사진들과 주변 공간을 찬찬히 둘러본다. 그러고는 5분 후에 피해자의 어머니에게 이렇게 말한다. "웁스, 당신의 남편이 당신의 딸을 죽인 것 같군요." 사람들이 남긴 자취를 통해 그 사람의 평소 행동과 주변 사람 간의 관계를 파악해 낸 것이다.

〈THE MENTALIST〉 속에서 마음을 꿰뚫어보는 여러 수사기법들은 시청자들을 감동시키는 것을 넘어 책으로도 만들어졌다. ≪멘탈리스트, 마음을 해킹하다≫가 바로 그것이다. 미드, 〈THE MENTALIST〉를 찬찬히 본 후 그 속에 숨은 심리기법들이 궁금하다면, 이 책을 집어 들면 되겠다. 혹시 모르지 않는가? 패트릭 제인처럼 상대를 낱낱이 분석할 수 있게 될지?

---

3 Mentalist: 날카로운 정신적 추측을 하는 사람. 사고와 행동의 조종에 통달한 사람.

8

정신줄(?)을 놓다

나심술의 요상한 텐트 김가현

정줄 놓은 실험들 신애경

시시콜콜하지만 중요한 이야기: 제대로 정신줄을 놓으면? 정수경

나심술의 요상한 텐트

김가현

5년 지기 친구 의현이랑 점심을 먹고 길거리를 지나가고 있었다. 그러다가 골목에 세워져 있는 작고 이상한 텐트 같은 것을 발견했다. 종이박스로 만든 간판에는 '심리술사 나심술 당신의 조상과 교감을' 이라는 말이 쓰여 있었다. 의현이는 저게 뭐냐면서 정신 나간 사람이 만들어 놓은 거 아니냐고 빨리 지나가자고 했지만, 나는 깊은 곳에서 펑펑 뿜어 나오는 호기심을 주체할 수 없었다. 싫어하는 의현이를 끌고 텐트 안으로 들어가 봤다. 그 안에는 각종 심리학 책들이 널려 있었고 나심술 씨가 중간에 앉아 우리를 기다리고 있었다.

"안녕? 나는 다들 알다시피 잘나가는 심리술사 나심술이야. 오늘은 특별히 너의 본능을 통해 전생을 탐구해 볼 거야. 너의 현재 생각들을 파헤쳐 보면, 조상님들과 교감을 한 부분이 보인다는 말씀!"

아무 말도 안 했는데 들어가자마자 다짜고짜 조상님과 교감을 한다 하니 어안이 벙벙해져서 나랑 의현이는 멍 때리고 그 사람이 하는 말을 듣고 있었다. 의현의 말대로 좀 이상한 사람은 맞는 것 같았지만, 이왕 여기까지 온 거 들어나 보자.

"왜 그런 표정들이지? 혹시 믿음이 안 간다 이 말이야? 에이, 다 이게 심리학자들이 제안한 이론들이라고. 나 나름 유학파에 진화심리학 전공이라니까! 진화심리학 *evolutionary psychology*, 동물의 심리를 진화론적 관점에서 이해하려는 학문! 못 들어 봤니? 허 참."

진화심리학이라, 심리학 시간에 잠깐 교수님이 언급했던 것 같기도 한데….

"그럼 시작해 볼까? 일단 너희의 현재 생각들을 파악해 보지. 소원을 말해 봐. 네 마음속에 있는 작은 꿈을 말해 봐. 네 머리에 있는 이상형을 그려 봐. 어떤 모습의 이상형이 그려지니? 자 이제 너의 이상형의 모습을 하나하나 내게 말해 봐."

갑자기 웬 이상형? 뭐 일단 대답해서 나쁠 건 없겠지, 이상형이라면 내가 철두철미하게 생각해 놓은 게 있지.

"어깨 있고 잔 근육 있어서 슈트나 청바지와 면 티 입을 때 폼이 나고, 전화할 때 목소리가 낮아 좋고, 약간 진지하고 무뚝뚝한 것 같으면서도 나한테만 착한 남자요."

"긴 생머리가 찰랑찰랑거리고요, 몸매도 착하고 성격도 착하면서 예쁜 여자? 헤헤."

와 정말 고전적인 답변이군… 짜식

"후후 그럴 줄 알았지. 나는 다 알고 있었다 이 말이야~ 왜냐구? 다 네 조상들에게서 그런 모습이 보여 왔기 때문이지. 너희 조상들의 마음을 불러와 너와 교감시켜 주지! 자 지금 머나먼 석기시대 너의 조상들과 교감이 되었어! 남자 원시인이 지나가는 한 여자 원시인을 보며 소리치는군!"

"우가머리끼리 거르강한아이이(오 저 찰랑거리는 머릿결! 건강한 아이를 낳을 수 있겠군!)."

진화심리학을 공부했을 때, 남자들은 여자를 볼 때 자신의 아이에게 우월하고 건강한 유전자를 남길 수 있는지를 본다고 했거든. 그래서 남자들이 '찰랑거리고 윤기 나는 생머리'에 집중하는 이유는 머리카락이 영양 상태를 제일 잘 보여주는 요소이기 때문이지. 네가 찰랑거리는 생머리를 좋아하는 이유도 다 여기에서 시작된 거라고.

"우우이쁘쁘자라므시리부(앗, 얼굴까지 예쁘다니 친구들한테 자랑하기 딱 좋은 신붓감!)."

예쁜 여자 얼굴은 물론 '미적 만족'도 있지만 남자들은 예쁜 여자들을 조직 내에서 자랑하고 과시할 수 있는 요소로 생각하기도 하지.

"꾸가꾸까 뚜짜뚜쭉쭈르빵(저 골반과 엉덩이의 이상적인 비율! 애를 순풍 순풍 잘 낳겠군!)."

마지막으로 일명 '쭉쭉 빵빵' 몸매는 건강한 임신과 출산을 위한 이상적인 비율을 의미하지. 실제로 연구 결과에 따르면 골반 대비 엉덩이 비율이 0.7일 때 남자들이 가장 여성에게 매력을 느끼는데 이게 출산에도 좋은 비율이라고 하네.

후후 야한 잡지에 나오는 모델이나 슈퍼 모델들 중 대부분이 이 비율을 가지고 있다고 해. 아, 갑자기 조금 슬퍼지네. 내 비율은 어디 있지. 흠흠. 아무튼 너의 그 아리따우신 이상형은 사실 우리 조상님들의 '욕망'으로부터 기원되어 온 거라고. 너도 몰랐는데 너 되게 엉큼하다는 사실!

자 저쪽 편을 봐 볼까? 여자 원시인들이 동굴에 모여서 오순도순 수다를 떨고 있군! 한 번 대화를 엿들어 볼까나?

　"왕짜왕짜 훈훈훈뚜!(키 크고 어깨 있는 남자는 일단 사냥할 때 잘 나가지.)"

여자들은 자신과 자신의 아이를 보호하고 부양할 수 있는 남자를 원하지. '키 크고 어깨 있는 남자'는 강한 남성성뿐만 아니라 조직 내의 우월한 정도를 의미하기 때문에, 여자들은 본능적으로 그런 남자를 훈훈하다고 생각한다고. 실제로, 많은 심리학자와 사회학자의 연구에 따르면 키 큰 남자들이 시간이나 장소를 불문하고 경제적, 사회적 지위가 높다고 하네.

　"목크소리조흐조흐!(목소리가 낮고 멋있는 사람이~ 좀 여러 면으로 성숙하잖아요~.)"

'좋은 목소리'는 무엇보다 '성적 성숙'을 잘 보여 주는 요소이지. 낮고 남자다운 목소리는 여자들에게 남성성을 잘 보여 주는 거지.

　"차르도도도나느므므!(전 누가 뭐래도 차도남이 좋아요~ 자식이랑 나만 바라보는!)"

그리고 여자들이 '차도남, 나쁜 남자지만 나에게만 착한 남자'를 유난히 밝히는 건 여자들이 예전부터 '내 남자가 여러 여자들과 관계를 갖거나 나와 자식을 버릴 수 있다.' 는 의심과 두려움을 가지고 있어서 안정적인 관계를 원하기 때문이지. 너도 사실 '자신의 아이를 보호하고 부양할 수 있는 남자를 원한 것뿐이지! 알고 보니 너의 이상형도 별거 아니지? 훗. 어때? 진화심리학 재미있지 않니?

이 사람의 끊이지 않는 말들을 멍하니 듣다가 겨우 정신을 차린 나는 대답했다.

"음… 진화심리학이라. 왠지 여자는 남자의 소유물, 번식 수단인 듯 묘사된 게 기분이 나쁘긴 했지만 어느 정도 설득력 있네요."

"그래 그래. 사실 내가 이 강의를 들을 때 많은 페미니스트들이 엄청 비판 해 댔어. 실제로 많은 비판을 받고 있는 이론이기도 하지~."

의현이도 이제 정신을 차렸는지 한마디 거들었다.

"그리고 꼭 '남자는 이렇고 여자는 이래,' 하면서 너무 정형화, 일반화해서 사람을 나누는 것 같아서 좀 불편해요. 그렇지만 아무렇지 않게 생각했던 것들이 진화론적으로 생각해 보니까 '아~' 하면서 좀 더 와 닿기도 하고 '인간도 역시 동물이구나' 하는 생각도 들고 진짜 재미있었어요."

나심술은 나름 만족스러웠는지 씩 웃으면서 우리를 쳐다보았다.

"그래 그래. 앞으로도 나를 자주 찾아와서 재미있는 심리 이야기 들어~."

지금 생각해도 참 어이없는 경험이었지만, 나름 유익했던 이야기였다. 다음 날에 교수님이 진화심리학에 대한 질문을 했을 때, 나는 나심술 씨 덕분에 맛깔나게 대답을 할 수 있었으니까. 지금은 그 텐트가 보이지 않지만, 나중에 다시 만나면 감사의 말을 전하고 싶다.

정줄 놓은 실험들
신애경

원래 누가 "안돼!"라고 말하면 더 하고 싶은 그런 마음 있잖아~. 친구의 슬픈 얼굴을 보고 무슨 일이 있으리라 뻔히 알면서도 그놈의 오지랖과 호기심 때문에 "정현~ 오늘 기분 안 좋아 보이네~ 뭔 일 있어~?"라고 한 번 떠보는 거, 누구나 한번쯤은 했으리라 생각하는데…! 가끔씩 우리는 이 호기심 때문에 끙끙 앓기도 하고 누군가에게 의도치 않은 상처를 주기도 하지. 누군가의 심리라는 건 겉으로 봤서 대충은 파악할 수 있어도 당사자의 입장을 듣기 전에는 정확하게 알 수 없기 때문이야.

내가 정현이의 침울한 표정을 볼 때 호기심이 생겨서 한번 캐보는 것과 같이 심리학자들도 '호기심'을 원동력으로 많은 실험을 진행했지. 복잡한 인간 심리를 탐구하기 위해서는 최대한 모든 사람들에게 보편화시킬 수 있는 현상을 알아야 하니까. 그럼 이번 글에서는 그 동안 심리학자들이 진행한 매우 악명 높고 위험한 실험들을 같이 알아보자. 바로 정줄 놓은 듯한 실험들 말이다.

일단 스탠포드 감옥 실험*Stanford Prison Experiment*을 한 번 소개해 보지! 필립 짐바도라고 현재 스탠포드 대학 심리학 교수가 바로 감옥 실험을 진행했어. 정신력이 강한 젊은이들을 실험 참가자들로 모집하고 감옥 경비원과 수감자 두 그룹으로 역할을 나눠 실험을 진행했어. 멀쩡한 젊은이들을 체포하는 시늉까지 하면서 정말 리얼하게 진행된 이 실험은 5일 만에 실험 진행자들의 통제 범위를 벗어나서 중단을 하게 되었지. 왜냐고? 감옥 경비원과 수감자로 나뉜 참가자들이 자신의 역할에 너무 몰입을 해 버렸기 때문이야.

평상시에는 전혀 폭력적인 면모를 보이지 않았던 참가자들이 경비원이 되자 수감자 역할을 맡은 실험 참가자들을 대상으로 권력을 마구 휘두르는 거 있지? 더 신기한 것는 수감자 역할을 맡은 사람들이 이러한 상황을 순순히 받아들였다는 거야. 겨우 며칠밖에 진행 안 된 실험이었지만 수감자들은 우울증을 비롯한 심각한 정서 불안을 느끼게 되었다고 해. 적절한 상황만 제공되면 그에 맞춰서 변화하는 우리의 태도 및 정신 상태를 보여 주는 아주 무서운 실험이었지.

그다음으로는 리틀 앨버트 실험*Little Albert Experiment*을 이야기해 볼게~.

이 실험은 행동주의의 아버지인 존 왓슨이 조건화를 알아보기 위해서 진행되었어. 여기서 리틀 앨버트는 병원에 있던 9개월 된 아기였는데, 왓슨이 자극과 반응의 학습 결과를 보기 위해 앨버트를 실험 대상으로 쓴 거야. 시작은 앨버트를 매트리스 위에 놓은 후 곁에 흰 쥐를 놔두었지. 그러면서 앨버트가 흰 쥐를 만질 때마다 뒤에서 앨버트를 깜짝 놀래킬 만한 큰 소리_{자극}를 냈대. 이게 반복되다 보니 결국에 앨버트는 흰 쥐에 대해 공포_{반응}를 느끼게 되었고, 이 공포심은 나아가 흰 색이고 털을 가진 모든 동물과 물건에게 일반화되었다고 해. 결국에 왓슨은 조건화 반응을 성공적으로 확인할 수 있었지. 하지만 여기서 매우 안타깝고 무서운 점은, 이렇게 형성된 앨버트의 공포감은 없어지지 않았다는 거야. 왓슨이 앨버트의 학습된 공포를 없애기 전에 앨버트가 병원에서 퇴원했기 때문이지. 이처럼 어린 애기를 대상으로 공포심을 불어넣는 실험을 진행한 왓슨은 이후에 사람들로부터 윤리적 비난을 많이 받았다고 해. 어린 앨버트가 너무 안타깝지 않니?ㅠ.ㅠ

앨버트에 이어 또 애기들을 대상으로 진행된 잔인한 실험을 이야기해 볼게~. 이번 실험의 대상이 된 애기들은 좀 다른 애기들이야. 바로 애착과 접촉에 관해 오랜 연구를 한 심리학자 해리 할로우의 '고립' 실험의 대상이 된 아기 원숭이들이지.

해리 할로우는 갓 태어난 아기 원숭이들을 엄마 원숭이의 보살핌을 받기 전에 철창을 두른 우리에 고립시켰어. 고립된 상황에서 자라는 아기 원숭이들의 사회성은 어떻게 생성되는지 알아보고 싶었던 거지. 결과는 예상보다 훨씬 혹독했어.

아무와도 접촉이 없는 상태로 지낸 지 한 달이 된 후 아기 원숭이들은 심각한 정서 불안을 느끼기 시작했고 일 년 후에는 거의 움직이지도 않고 먹는 것 조차 거부했다고 해. 이렇게 부모의 보살핌을 받지 못하고 자란 아기 원숭이들을 정상적으로 자란 다른 아기 원숭이들과 같은 공간에 놔뒀더니 심각한 왕따까지 당하더래. 실험 진행자들은 애정을 받지 못하고 자란 원숭이들이 사회성이 떨어지리라 예상은 했으나 사태가 이렇게까지 심각할지는 몰랐다더군.

이 실험은 부모와 어릴 적 자녀 관계의 중요성을 아주 똑똑히 보여 주었지. 하지만 실험을 진행한 그 당시에도, 그리고 그 이후에도 해리 할로우는 동물보호단체를 비롯한 많은 사람들로부터 비난을 받았어. "어릴 적 애정 결핍은 사회성 결여로 이어진다."는 아주 기본적인 개념을 확인시키려고 아기 원숭이들을 학대한 것은 윤리적이지 못하다는 거야.

뭐? 너무 우울해지고 있다고? ㅠ.ㅠ 그럼 이번에는 좀 더 흥미로운 실험에 대해 말해 줄게~. 정신과 병원을 대상으로 용감한 도전을 한 데이빗 로젠한의 '제정신으로 정신병원 들어가기*On Being Sane in Insane Places*' 실험이지.

로젠한의 실험은 두 파트로 나눠서 진행되었어. 첫 파트는 다음과 같이 진행되었지. 매우 건강한 정신을 소유한 세 명의 여자와 다섯 명의 남자를 실험 참가자로 정해서 12군데의 정신병원에 보냈어. 그리고 자신도 실험 참가자가 되어 한 병원에 찾아 갔다고 해. 실험 참가자들한테는 모두 환청이 들린다는 연기를 하도록 했고 그 외의 질문에는 그냥 정상적으로 답하라고 했어. 그랬더니 실험 참가자들은 정신분열증이라는 진단을 받고 입원하게 되었지.

입원한 후 실험 참가자들은 연기를 그만두었어. 병원에서 좋은 일도 하고 지극히 정상적으로 행동했지. 하지만 병원 관계자들은 쉽사리 이들을 보내 주지 않았어. 심지어 다른 환자들이 입원한 로젠한에게 "당신은 정신병자가 아니군요. 지금 병원을 조사하고 있는 거죠?"라고까지 물어봤다고 해. 하지만 의사들은 로젠한을 비롯한 실험 참가자들이 정상이라는 것을 알아차리지 못했지. 이런 식으로 어떤 불쌍한 한 실험 참가자는 52일이나 정신병원에서 보냈다고 해.

이 결과를 발표하자 순식간에 정신병원의 신뢰성은 훅~ 하고 떨어졌고 이 불명예를 회복하기 위해 한 정신병원장은 로젠한에게 도전장을 던졌어. 자기 병원에 가짜 정신이상자들을 한 번 보내 보라고, 자기 병원 의사와 간호사들은 그들을 가려낼 수 있을 거라고 말이야. 로젠한은 기꺼이 이 도전을 받아들였고, 여기서 로젠한의 실험 중 두 번째 파트가 진행됐지. 병원장이 로젠한에게 도전장을 던진 이후 몇 주 동안 그 병원에는 194명의 환자들이 입원을 했다고 해.

그 중 병원 관계자들은 41명을 가짜 병자라고 지적을 했어. 근데 여기서 깜짝 놀랄 만한 사실이 뭔지 알아? 바로 로젠한은 단 한 명의 가짜 병자도 보내지 않았다는 거야. 정신병원과 그 관계자들을 대상으로 한 이 실험 결과가 전국적으로 일으켰을 파장이 예상되지 않니?

멀쩡한 사람들이 감옥 경비원이나 수감자가 되는 실험, 애기들을 대상으로 진행한 실험, 정신병원에 거짓 환자들을 입원시킨 실험 모두 인간의 심리에 대한 우리들의 궁금증을 해소하기 위해 진행되었지. 하지만 가끔씩 우리들의 위험한 호기심 때문에 진행된 실험들이 너무 멀리간 건 아닐까라는 생각이 들어.

과연 우리는 이렇게 '지식'을 습득하기 위해서 어디까지 실험을 허용해야 될까? 한 번 생각해 보는 것도 나쁘지 않을 것 같아.

참고

1. http://listverse.com/2008/09/07/top-10-unethical-psychological-experiments/
2. http://en.wikipedia.org/wiki/Pit_of_despair
3. http://en.wikipedia.org/wiki/Rosenhan_experiment
4. http://www.inewspeople.co.kr/news/articleView.html?idxno=5020
5. http://cool7380.blog.me/100125122002
6. http://blog.joins.com/media/folderlistslide.asp?uid=sehee94&folder=2&list_id=8491995

제대로 정신줄을 놓으면?

정수경

이번 단원에서는 심각한 거짓말의 최고봉인 '공상 허언증*Pseudologia Fantastica*'
에 대해 말해 보고자 한다. 현실과 가상의 세계를 구분 못하는 것보다 더 정신
줄을 놓는 게 가능할까?

'공상 허언증'을 '망상' 또는 '공상'으로 착각할 수도 있는데, 이들의 개
념은 확실히 다르다. 모두들 누군가가 자신과 사랑에 빠지는 또는 좋
은 대학에 합격하는 순간들을 머릿속으로 그려 본 적이 많을 텐데, 아
직은 놀라지 말기 바란다. 이는 공상 허언증에 비하면 아주 귀여운 상
상이라고 말할 수 있다. 나는 자기만족을 위한 적당한 '공상'은 자신을
더 가꾸고 미래를 위해 나아가기 위해 필요하다고 생각한다. 그러나 이
런 '공상'들과는 다르게 뇌에 문제가 있는 경우가 공상 허언증이라고 한다.
공상 허언증은 사실 심각한 정신병의 한 종류이고 그 원인도 정확히 파악되지
않는 질병이기 때문에 독자들 모두 조심해야 한다. 너무 지나친 상상이 지속되
면 공상 허언증을 의심해 보길….

자신이 만들어 낸 상황을 그대로 믿고 허구의 세계를 진실로 받아들이

는 공상 허언증. 사람들은 두 단계에 걸쳐 공상 허언증에 도달하게 된다.

거짓말을 하여 자신감과 만족감을 얻는다. → 상습적으로 거짓말을 한다. → 자신이 한 거짓말을 믿는다.

공상 허언증은 자신이 한 거짓말을 그대로 믿는 상습적 습관이다. 공상 속에서 벗어나지 못한 채 그것을 진실로 믿어 버리고 죄책감 없이 행동하는 것이다. 자신의 공상에 토를 달거나 반박하면 화를 내고 짜증을 부리는 것이 환자들의 주된 모습이다.

공상 허언증을 가진 사람들은 욕망이 강하고 이상이 높다. 따라서 그 이상을 좇기 위해 쉽게 거짓말을 하게 되고 그것을 자기만족을 위해 믿어 버린다. 이런 공상 허언증 환자들은 일반인이 거짓말을 할 때처럼 눈 맞춤이나 안절부절못하기는커녕, 너무나도 당당한 태도로 임한다. 거짓말에 대한 명백한 증거가 있음에도 불구하고 자신의 세계가 너무나도 확고하다. 마치 자기 최면처럼 양심의 가책을 보여 주는 머뭇거림이나 말을 더듬는 행동을 일절 하지 않는다고 하니, 이는 거짓말 탐지기로도 잡을 수 없다. 거짓말 탐지기의 경우 사람들이 거짓말을 할 때 나타나는 미세한 변화를 잡아 내어 거짓말을 탐지하는 시스템이다. 그러나 거짓말을 진실로 믿는다면 아무런 탐지를 할 수 없다.

이는 확고한 신념과 긍지의 사이비 종교 지도자가 신도들에게 종교를 믿으라고 하고 그 종교에 목숨을 바치겠다고 하는 것을 예로 들 수 있다. 이런 병적 거짓말은 인격 장애의 하나로, 자신의 이익을 추구하거나 남에게 쉽게 인정과 관심을 받기 위해 시작된다고 한다. 열등감을 보상받기 위해서라는 설명도 있다.

일부 학자들은 공상 허언증이 무의식에서 나타난다고 한다. 새로운 자아를 형성하여 환상의 세계와 현재의 세계를 조합하는 것이다. 한 환자의 예로는 잭 몽고메리 판사가 있는데, 그는 한국 전쟁 때 붙잡혀 고문을 받았다고 말했다. 그러나 사실 그는 군복무를 한국에서 한 적이 없다. 그는 어렸을 때 아버지에게서 학대 받은 상처를 지우기 위해 거짓말을 지어내고 믿어 버린 것이다. 그가 폭행 당했던 기억이 고문당한 거짓말로 바뀌었는데 이는 고통스러웠던 현실, 부끄러운 과거, 또는 잊거나 숨기고 싶은 주변 인물이 있을 때 거짓말에 반영이 된다고 할 수 있다.

공상 허언증은 심리와 물리치료를 통해 개선할 수 있다고 하며 적어도 2년 이상의 치료기간이 필요하다고 전문가들은 말한다. 그러나 우리나라에서는 치료 시스템이 아직 잘 구축되지 않았다. 더군다나 병적인 거짓말을 고치기 위해 병원을 찾는 사람은 더더욱 없다. 우리나라에선 공상 허언증 환자들의 사례나 증상이 아직 많이 알려지지 않았기 때문에 사람들은 이 질병에 대해 생소할 수밖에 없고 자신이 이 질병을 가지고 있는지도 모를 수 있다.

하지만 공상 허언증은 우리 주변에 있는 누구에게나 나타날 수 있는 증상인 것은 사실이다. 특히 세상이 각박해지고 복잡다단해지면서 개인의 사생활은 법률적으로 보장받게 되었으나 정보통신 기술의 발달로 강화된 네트워크는 오히려 과거보다 더욱 사생활이 노출된 사회를 만들고 있다. 이러한 사회일수록 이상과 현실의 괴리는 개인이 공상에 의해 꾸며진 세계를 통해 위안을 얻으려는 시도를 하게 만든다. 즉 공상 허언증이 더욱 심화될 가능성이 높은 시대에 살고 있는 우리는 이러한 문제 해결을 위한 제도적 보완장치와 사회적 배려가 정착될 수 있도록 다시 한 번 되돌아봐야 하는 여유가 필요하다.

끝내며

심리학으로 풀어낸 10대 이야기

2012년 고등학교 2학년 여름방학 몇 주 전, 교실 앞 복도에서 나와 애경이가 상기된 얼굴로 크게 떠들어댄 기억이 선명하다.

"청소년 심리학 책은 있지만 실제로 청소년이 쓴 책은 없지 않을까?"

"그럴 거 같아. 딱딱한 내용 말고 공감 갈 수 있는 말캉말캉한 내용을 넣는 거야."

"말캉말캉. ㅋㅋ 그래, 그럼 우리가 한 번 해 볼까? 완전 의미 있는 것 같아!"

"응, 내 친구 중 한 명도 내가 심리학 배운다니까 자기도 배워 보고 싶다고 부러워했거든. 이런 책 읽으면서 10대들이 쉽게 심리학에 대해서 알아 갈 수 있으면 좋을 것 같아."

순식간이었다. 둘 다 머릿속에 아이디어 주머니가 터진 듯 꼬리에 꼬리를 물고 제안들이 쏟아져 나왔다.

그래, 청소년을 위한 심리학 책을 쓰는 거야. 벌써 말끔히 제본된 우리 책이 내 눈앞에서 아른거렸다. 그 책을 읽으며 재미있어 하는 학생들 모습까지. 애경이랑 나는 수업 종 때문에 할 수 없이 교실로 들어갔지만 우리 표정은 벌써 몇 백만 부나 팔린 베스트셀러 작가들이었다. 우리 힘으로, 진심과 열정이 담긴 의미 있는 활동을 하고 싶다는 갈증이 점점 풀리기 시작했다.

그렇게 하나하나 자리를 잡아 가기 시작했다. 점심시간에 식당에서, 야자 후에 기숙사에서, 등교할 때, 아침 먹을 때, 나와 애경이는 이 책에 대한 갖가지 아이디어를 쌓아 가기 시작했다. 그렇게 다른 아이들도 함께 하기 시작했고, 아이디어 보따리는 커지고 커져 갔다.

그리고 방금 전 나와 애경이, 정현이, 그리고 수경이는 교실 앞 복도에서 우리 책 출판에 대한 내용과 후기를 쓰는 것에 대해 이야기를 하고 나왔다. 사실 아직은 내 글이 출판된다는 게 믿어지지 않는다. 조금 부끄럽기까지 하다. 하지만 동시에 이때까지 우리가 함께 한 여정들을, 그 속에 있었던 자잘한 한 순간 한 순간을 누군가에게 전달할 수 있다는 사실에 가슴이 두근거린다. 누군가에게라도 우리의 서툰 글들이 도움이 된다면 정말 기쁠 것 같다.

이 책은 단순히 심리학 개념을 전달하기 위한 것보다 우리 청소년 삶의 한 순간 한 순간을 공감하고 나누는 책이다. 최대한 솔직하게, 진심을 담아서 쓰려고 노력했다.

작년 여름 복도에서 시작되어 방금 전 마무리 글을 의논하던 복도까지 오게끔
해 준 모든 이들, 애경이, 정현이, 수경이, 선생님, 그리고 우리 가족. 마지막으
로 이 글의 내용과 내 삶을 지금껏 채워 준 모든 사람들에게 감사하다. 그들이
있어서 이 책에 내 삶을 녹여낼 수 있었으니까.

김기현 외 저자 일동

END